essentials

Michael Borg-Laufs

Die Funktionale Verhaltensanalyse

Ein praktischer Leitfaden für Psychotherapie, Sozialarbeit und Beratung

 Springer

Michael Borg-Laufs
Fachbereich Sozialwesen
Hochschule Niederrhein
Mönchengladbach, Deutschland

ISSN 2197-6708   ISSN 2197-6716   (electronic)
essentials
ISBN 978-3-658-30811-7   ISBN 978-3-658-30812-4   (eBook)
https://doi.org/10.1007/978-3-658-30812-4

Die Deutsche Nationalbibliothek verzeichnet diese Publikation in der Deutschen Nationalbibliografie; detaillierte bibliografische Daten sind im Internet über http://dnb.d-nb.de abrufbar.

Planung/Lektorat: Heiko Sawczuk
Springer ist ein Imprint der eingetragenen Gesellschaft Springer Fachmedien Wiesbaden GmbH und ist ein Teil von Springer Nature.
Die Anschrift der Gesellschaft ist: Abraham-Lincoln-Str. 46, 65189 Wiesbaden, Germany

Was Sie in diesem *essential* finden können

- Eine Einführung in die Grundlagen der funktionalen Verhaltensanalyse
- Eine Erklärung aller Bestandteile der funktionalen Verhaltensanalyse
- Eine Schritt-für-Schritt-Anleitung zur Erstellung einer funktionalen Verhaltensanalyse
- Beispiele mit Übungsmöglichkeiten
- Hinweise für die Interventionsplanung auf der Grundlage Ihrer Analysen

Inhaltsverzeichnis

Einführung 1

Die funktionale Analyse menschlichen Verhaltens hat nicht durchgängig den guten Ruf, den sie haben sollte. Ihre aus den Lerntheorien entstandenen Begriffe und die für „Uneingeweihte" nicht verständlichen Zeichen wirken auf manche Kolleg*innen abschreckend. Zudem stehen die aus den Lerntheorien abgeleiteten Vorgehensweisen mancherorts in dem Ruf, eine zu eindimensionale Perspektive auf menschliches Verhalten anzuwenden und die Komplexität der Probleme von Menschen nur unzureichend abzubilden. Schließlich werden auch verhaltensorientierte Interventionsmethoden, die sich – neben anderen Interventionen – aus einer funktionalen Analyse ableiten lassen, nicht selten kritisiert, was wiederum das Erlernen dieser hilfreichen Analysemethode unattraktiv erscheinen lässt.

Leider.

Denn tatsächlich handelt es sich bei der funktionalen Verhaltensanalyse um ein Instrument, mit dem die Beweggründe menschlichen Verhaltens hervorragend erklärt werden können. Kanfer und Saslow (1965) haben diese Art der Fallanalyse seinerzeit als Gegenentwurf zur klassischen psychiatrischen Diagnostik entworfen. Zusammenfassende Klassifikationen wie etwa „Depression" oder „Störung des Sozialverhaltens" oder andere in der ICD oder im DSM beschriebene Störungsbilder helfen nur sehr grob bei der Planung einer einzelfallorientierten Intervention. Zwar gibt es störungsspezifische Therapiemanuale, in denen sich durchaus sinnvolle Therapiebestandteile finden lassen, aber diese vernachlässigen naturgemäß die je individuelle Bedingtheit des problematischen Verhaltens. Bei jedem Menschen, der wegen seiner Probleme eine Psychotherapeut*in oder eine Berater*in aufsucht, muss aber einzelfallbezogen geklärt werden, welche biologischen, psychologischen und sozialen Bedingungen das

© Springer Fachmedien Wiesbaden GmbH, ein Teil von Springer Nature 2020   1
M. Borg-Laufs, *Die Funktionale Verhaltensanalyse*, essentials,
https://doi.org/10.1007/978-3-658-30812-4_1

jeweilige Problemverhalten begünstigen bzw. aufrechterhalten, damit die Interventionen genau an diesen spezifischen Bedingungen ansetzen können. Es müssen die Emotionen, Kognitionen, Verhaltensweisen, situative Bedingungen, körperliche Rahmenbedingungen, überdauernde Schemata, persönliche Beziehungen, soziale Rahmenbedingungen des jeweiligen Einzelfalles in die Interventionsplanung einfließen.

Genau dabei kann vor dem Hintergrund psychologischer Grundlagenforschung eine funktionale Verhaltensanalyse einen wesentlichen Beitrag leisten. Sie ist längst nicht so eindimensional, wie manche Kritiker vermuten. Vielmehr ermöglicht sie ein umfassendes Verständnis auch sehr komplexer Bedingungsgefüge menschlichen Verhaltens. Es werden nicht nur die unterschiedlichen Facetten des Problemverhaltens differenziert erfasst, sondern auch vorausgehende und nachfolgende interne und externe Bedingungen sowie die überdauernde innerpsychische Verfasstheit, die Ratsuchende oder Patient*innen prägen. Und vor allem: Diese verschiedenen Faktoren werden in Beziehung zu einander gesetzt, so dass Zusammenhänge erkannt werden können (vgl. Borg-Laufs 2016, 2020).

Dies alles geschieht mit den empirisch bestens bewährten psychologischen Lerntheorien als Hintergrundmodell (Fliegel und Veith 2018). Von besonderer Bedeutung ist dabei sicherlich die operante Verstärkung von Verhaltensweisen. Verhalten wird mit höherer Wahrscheinlichkeit in ähnlichen Situationen wiederholt, wenn die darauf folgenden kurzfristigen Effekte positiv sind, während langfristige Effekte i. d. R. nicht verhaltenssteuernd sind.

Daher werden wir im Folgenden zunächst die einzelnen Bestandteile einer funktionalen Verhaltensanalyse kennenlernen, um dann zu erfahren, wie diese in einem stimmigen Modell zusammengefasst werden und welche professionellen Interventionen sich daraus ableiten lassen. Da – wie so oft – Übung den Meister bzw. die Meisterin macht, schließen Übungsaufgaben aus dem beraterischen oder therapeutischen Kontext diesen Band ab.

Die Bestandteile einer funktionalen Verhaltensanalyse

2

Eine funktionale Verhaltensanalyse setzt sich aus den einem Problemverhalten vorausgehenden Bedingungen (S), den überdauernden Dispositionen, die eine Person mit in die Problemsituation hineinträgt (O), dem Verhalten (R) auf mehreren Ebenen, den nachfolgenden Bedingungen (C) und einer Angabe zur Regelmäßigkeit (K) dieser nachfolgenden Bedingungen zusammen. In der Literatur finden sich für diese fünf Bedingungsstücke unterschiedliche Schreibweisen, namentlich SORCK, SORKC oder auch – verkürzt – SORC. Inhaltlich lässt sich nicht unterscheiden, welche dieser Schreibweisen „richtiger" wäre. In der hier vorliegenden Handreichung wird im Folgenden die Abkürzung SORCK verwendet, weil diese laut gelesen gefälliger von den Lippen geht (gesprochen: „Sork-Analyse") als die Alternative mit dem hinten stehenden C (gesprochen: „S–O-R-K-C-Analyse").

2.1 Stimulus (S)

Mit dem Begriff „Stimulus" wird der einem Verhalten unmittelbar vorausgehende Reiz bezeichnet. Etwas weniger stark lerntheoretisch formuliert könnte hier auch von der „Situation" gesprochen werden, in der ein Verhalten gezeigt wird. Stimuli können ganz unterschiedlicher Art sein. Einerseits sind dies äußere Ereignisse, z. B. die Mutter fordert ihr Kind auf, mit den Hausaufgaben zu beginnen *oder* der Ehemann äußert sich abfällig über die neue Frisur seiner Frau *oder* ein Hund kommt jemandem entgegengelaufen usw. Dies alles sind externe Stimuli (S_e). Andererseits können aber auch Ereignisse oder Zustände innerhalb der Person ein sogenannter interner Stimulus (S_i) sein, z. B. aufkommende Langeweile *oder* Müdigkeit *oder* ein bestimmtes Gefühl *oder* Schmerzen usw. Da spezifische

© Springer Fachmedien Wiesbaden GmbH, ein Teil von Springer Nature 2020
M. Borg-Laufs, *Die Funktionale Verhaltensanalyse*, essentials,
https://doi.org/10.1007/978-3-658-30812-4_2

Verhaltensweisen nicht ständig gezeigt werden, muss hier nach einem Stimulus gesucht werden, der tatsächlich häufig dem Verhalten unmittelbar vorausgeht. Nicht sinnvoll ist es, einen Dauerzustand als Stimulus zu definieren. So könnte z. B. ein Vater sagen. „Nun, mein Sohn hat ja aufgrund seiner chronischen Krankheit ständig diese Einschränkungen, das löst sicher sein aggressives Verhalten aus." Wäre jetzt die chronische Erkrankung des Kindes bzw. wären die sich daraus ergebenden Einschränkungen jetzt ein Stimulus im Sinne der funktionalen Verhaltensanalyse? Nein, denn der Sohn zeigt, wie den weiteren Äußerungen des Vaters zu entnehmen ist (und wie es auch nicht anders zu erwarten ist) das aggressive Verhalten (schreien, schlagen) nicht ununterbrochen, sondern ein paar mal am Tag. In der restlichen Zeit sind allerdings die Krankheit und die Einschränkungen ebenfalls vorhanden, lösen das aggressive Verhalten aber nicht aus. Als Therapeut*in oder Berater*in muss daher nach einem spezifischeren Stimulus gesucht werden, der den jeweiligen aggressiven Verhaltensepisoden vorausgeht. Dies kann nun wieder ein äußeres Ereignis sein, das bisher noch nicht als Auslöser aufgefallen ist (z. B. ein Anruf eines Schulfreundes, der von seinen Aktivitäten erzählt), es kann aber auch ein inneres Ereignis sein, etwa ein bestimmter auslösender Gedanke oder ein nur zeitweise auftretender körperlicher Schmerz.

Bei der Exploration des Stimulus muss sorgfältig vorgegangen werden, um ihn möglichst konkret zu erkennen. So könnten Eltern z. B. zunächst berichten, dass das Problemverhalten ihrer Tochter immer auftritt, wenn die Hausarbeiten gemacht werden müssen. Genauere Nachfragen ergeben aber vielleicht, dass die Tochter ihre Hausaufgaben ohne größere Probleme erledigt, wenn der Vater sie dazu auffordert, während das Problemverhalten regelmäßig auftritt, wenn die Mutter die Aufforderung gibt. Der Stimulus ist dann nicht die Hausaufgabensituation, sondern die Aufforderung durch die Mutter. All diese Schärfungen helfen dabei, wie wir später noch sehen werden, auch die Intervention spezifisch zu planen.

Häufig lässt sich ein einzelner Stimulus herausarbeiten, der dem Problemverhalten regelmäßig vorangeht. Gelegentlich geht es aber auch um eine Kombination von Stimuli. Stellen wir uns z. B. ein Kind mit getrenntlebenden Eltern vor, dass, wenn es Langeweile (S_i) verspürt und mit dem Vater allein ist (S_e), durch die Wohnung tobt und allerlei Unsinn anstellt (R). Der Vater verstärkt das Verhalten, indem er eine wilde Spielerei mit seiner Tochter beginnt, wodurch die Langeweile besiegt wird (C). Empfindet das Mädchen hingegen Langeweile, wenn sie mit ihrer Mutter zusammen ist, zeigt es das Verhalten nicht. Es hat nämlich die Erfahrung gemacht, dass die Mutter sie dann in ihr Zimmer schickt, wo sie nur noch mehr Langeweile empfindet. In diesem Beispiel müssen also zwei Stimulusbedingungen (Langeweile *und* Anwesenheit des Vaters) zusammenkommen. Nur einer der beiden würde das Verhalten nicht zur Folge haben. Empfindet sie Langeweile und der Vater ist nicht da, hilft das Toben in der Wohnung nicht weiter. Ist sie beim Vater, langweilt sich aber nicht, gibt es auch keinen Anlass, durch die Wohnung zu toben.

Es lässt sich hier aber auch noch etwas anderes erkennen. Wir werden in Abschn. 2.3 noch die Unterscheidung zwischen zwei Verhaltensarten kennenlernen: Einerseits gibt Verhalten, welches durch einen Verstärker aufrechterhalten wird (wie im letzten Beispiel: das Verhalten des Vaters verstärkt das Verhalten der Tochter, macht es auch in Zukunft wahrscheinlicher). In diesen Fällen wird das Verhalten durch den Stimulus nur angeregt, die Konsequenz hingegen ist der für das Verhalten entscheidende Faktor. Das Verhalten dient dazu, den Verstärker zu bekommen. Der Stimulus gibt nur einen Hinweis darauf, ob das Verhalten vermutlich belohnt wird, wir nennen diese Art von Stimuli daher *Hinweisreiz* oder *diskriminativen (unterscheidenden) Stimulus*. In unserem Beispiel ist die Anwesenheit des Vaters ein *förderlicher Hinweisreiz* (S^D), denn er fördert das Verhalten. Die Anwesenheit der Mutter hingegen ist ein *hinderlicher Hinweisreiz* (S^Δ), denn ihre Anwesenheit macht das betrachtete Verhalten unwahrscheinlicher.

Andererseits gibt es Verhaltensweisen, die keine Verstärkung benötigen, sondern durch den Stimulus nicht nur angeregt, sondern determiniert (festgelegt) werden. Stellen Sie sich eine Geschäftsfrau mit Flugangst vor. Ihr Verhalten, wenn sie in einem startenden Flugzeug sitzt (Angst empfinden, zittern, Übelkeit, Aufregung) wird nicht verstärkt, sie wird dafür nicht gelobt, bekommt keine Zuwendung und Aufmerksamkeit (denn sie wird versuchen, das Verhalten zu verbergen, will nicht von den Mitreisenden Aufmerksamkeit erhalten), sie erlebt nur dieses starke unangenehme Gefühl. In diesen Fällen gibt der Stimulus (das Flugzeug startet) überhaupt keinen Hinweis auf eine nachfolgende angenehme Konsequenz, dennoch löst er das Verhalten zwingend aus. Für die Interventionsplanung ist die Unterscheidung, ob ein Stimulus Hinweischarakter hat oder ob er das Verhalten auslöst/determiniert, von großer Bedeutung. Das Fehlen einer Verstärkung, eine hohe physiologische und/oder emotionale Reaktion und die Tatsache, dass das Verhalten immer oder fast immer auftritt, wenn der Stimulus wahrgenommen wird, sind Hinweise darauf, dass es sich um einen unbedingten Stimulus handelt.

2.2 Organismusvariable (O)

Im ursprünglichen Konzept von Kanfer und Saslow war die Organismus-variable reserviert für körperliche Zustände, die im Rahmen der Analyse zu berücksichtigen sind. Von diesem Konzept rückte aber die große Mehrzahl der wissenschaftlichen Autor*innen und der Praktiker*innen in den vergangenen Jahrzehnten ab. Die Organismusvariable wird heute als Platzhalter für situations-unabhängige, der Person innewohnende überdauernde Dispositionen aller Art betrachtet. Zu berücksichtigen sind also zwei Wesensmerkmale:

- Situationsunabhängigkeit/Dauerhaftigkeit: Während, S, R, C und K Bestand-teile der funktionalen Analyse sind, die in der Situation entstehen, bestehen die Organismusvariablen dauerhaft, sie sind das, was die Person mit in alle Situationen hineinträgt.
- Innerlichkeit: Es handelt sich um überdauernde Dispositionen *innerhalb der Person.* Systembedingungen z. B. können hier nicht direkt einfließen, sondern nur hinsichtlich der dauerhaften Effekte, die sie innerhalb der Person erzielt haben.

So verstanden, können also sowohl alle intrapsychischen als auch alle körper-lichen überdauernden Dispositionen Bestandteil der Organismusvariable sein. Ein Einwand, der in jüngerer Zeit (vgl. Padberg und Veith 2018) gegen diese weit-gehende Auffassung vom Wesen der Organismusvariablen vorgebracht wurde, lautet, dass dies zu einer Beliebigkeit führe. Tatsächlich könnte argumentiert werden, dass die Organismusvariable dadurch sehr unscharf wird und sie wieder, wie am Beginn der Geschichte der funktionalen Analyse, auf körper-liche Aspekte begrenzt werden sollte. Andererseits gehört zu einem umfassenden Verständnis des Problemverhaltens unserer Patient*innen und Klient*innen aber eben zwingend dazu, zu verstehen, welchen Einfluss überdauernde kognitive Schemata, Erwartungen, Hoffnungen, Grundbedürfnisverletzungen usw. auf eben dieses Problemverhalten haben.

Nun könnten aber tatsächlich nahezu unendlich viele überdauernde Dis-positionen in die Organismusvariable einfließen, eben alles, was uns als Person dauerhaft ausmacht. Es ist sicher wenig sinnvoll, diese unübersehbare Viel-falt an möglicherweise vorliegenden Informationen bei der Konstruktion einer funktionalen Analyse zu berücksichtigen. Wir benötigen daher Kriterien, welche überdauernden Dispositionen hier berücksichtigt werden sollen. Die Relevanz überdauernder Dispositionen für eine Verhaltensanalyse ergibt sich aus der

Wirkung, die diese Dispositionen auf die anderen Glieder der Verhaltenskette (S, R und C) ausüben können. Nur Informationen, die solche Wirkungen auslösen, sind relevant. Sehr häufig spielen irrationale Überzeugungen, andere überdauernde kognitive Schemata, nicht befriedigte oder verletzte psychische Grundbedürfnisse, chronische Krankheiten oder Auffälligkeiten in der Leistungsfähigkeit (z. B. Intelligenzminderungen) hier eine wichtige Rolle. Ob einzelne dauerhafte Dispositionen relevant sind, muss im Einzelfall geklärt werden.

- Wirkung auf den Stimulus: Bei Vorliegen einer Intelligenzminderung (O) kann eine Rechenaufgabe in der Grundschule, die von den Klassenkameraden gut bewältigt werden kann, ein überfordernder Stimulus sein. Im Falle eines verletzten Grundbedürfnisses nach Selbstwerterhöhung kann eine für andere Menschen harmlos erscheinende Kritik den Charakter einer massiven, destablisierenden Rückmeldung annehmen. Wenn eine Person aufgrund ihrer lebensgeschichtlichen Erfahrungen an die irrationale Überzeugung „Wer Fehler macht, ist ein Versager" glaubt, dann ist ein kleiner Fehler für denjenigen oder diejenige eine katastrophale Erfahrung.
- Wirkung auf die Reaktion: Organismusvariablen können auch die Reaktion beeinflussen. So kann z. B. eine chronische körperliche Erkrankung die körperliche Leistungsfähigkeit verringern und ein Betroffener kann trotz großer Anstrengung eine bestimmte sportliche Leistung nicht erbringen, die von ihm erwartet wird. Im Gegensatz dazu könnte ein besonderes Talent vorliegen, welches dazu führt, dass eine Betroffene ein bestimmtes Verhalten (z. B. ein Bild malen) besonders gekonnt zeigen kann.
- Wirkung auf die Konsequenzen: Da die Wirkung der Konsequenzen als verstärkend oder bestrafend, wie weiter oben bereits dargestellt, von der Bewertung durch die Person abhängt, deren Verhalten wir analysieren, ist naheliegenderweise die Organismusvariable von besonderer Bedeutung. Nehmen wir das Beispiel eines verminderten Selbstwertes (O). Konsequenzen, die als selbstwertsteigernd erlebt werden, haben für Betroffene einen sehr hohen Verstärkerwert. So kann z. B. für einen jungen Mann die Erfahrung körperlicher Stärke und Überlegenheit selbstwertstärkend wirken, denn dies entspricht – immer noch – einer gewissen Rollenerwartung an Männer. Stellen wir uns einen jungen Mann vor, dessen Selbstwertbedürfnis aufgrund guter Schulleistungen, guter familiärer und auch Freundschaftsbeziehungen und anderer Faktoren befriedigt ist, so hätte dieser junge Mann keinen Anlass, abends in der Innenstadt Schlägereien mit anderen Jugendlichen anzufangen, denn der dabei möglicherweise entstehende Selbstwertgewinn hat für ihn vor dem Hintergrund seines befriedigten Grundbedürfnisses nach

Selbstwerterhöhung kaum Bedeutung, zumal in Abwägung der gleichzeitig zu erwartenden aversiven Konsequenzen. Nehmen wir aber einen anderen jungen Mann, dessen Bedürfnis nach Selbstwerterhöhung massiv verletzt ist und der kaum gesellschaftlich anerkannte Verhaltensweisen zur Verfügung hat, die selbstwerterhöhend wirken, so könnte der selbstwertsteigernde Effekt „gewonnener" Schlägereien für diesen jungen Mann so attraktiv sein, dass der Wert dieser Konsequenz mögliche aversive Folgen (z. B. selber verletzt zu werden, eine Anzeige wegen Körperverletzung zu erhalten) überwiegt, weswegen er tatsächlich regelmäßig streitlustig andere Jugendliche attackiert.

2.3   Reaktion (R)

Da Verhalten aus lerntheoretischer Perspektive nicht „einfach so" auftritt, wird es immer als Reaktion (R) auf einen Stimulus.(S) verstanden. Wie bereits in Abschn. 2.1 angedeutet, können Stimulus und Reaktion aber auf zwei ganz unterschiedliche Arten miteinander verbunden sein: Einerseits kann der Stimulus ein Hinweisreiz sein, der anzeigt, welche Reaktion positive Folgen (C) nach sich ziehen wird. In diesen Fällen sprechen wir von *operanter Reaktion* (R_o), denn mit dem Verhalten arbeiten (lat. operare = arbeiten) wir auf diese positive Folge hin. Andererseits gibt es aber auch Stimuli, die ein Verhalten auslösen, ohne dass eine Belohnung erfolgen wird. Solche Verhaltensweisen nennen wir *respondente Reaktion* (R_r), denn das Verhalten antwortet (lat. respondere = antworten) auf den Stimulus (S), die Konsequenzen (C) sind nicht bedeutsam.

Respondente Reaktionen werden auf völlig andere Weise beeinflusst als operante Reaktionen, daher ist diese Unterscheidung von Bedeutung. Wie bereits in Abschn. 2.1 geschildert, erkennen wir diese Art von Reiz-Reaktions-Verbindung daran, dass die Reaktionen starke physiologische/emotionale Anteile haben, (fast) zwangläufig im Anschluss an den Stimulus gezeigt werden und eben häufig keine positiven Folgen haben. Typische respondente Reaktionen sind Ängste (z. B. Höhenphobien, Tierphobien, u. a.) und Zwänge. Allerdings – das werden wir später noch genauer sehen – folgen diesen respondenten Reaktionen häufig operante Verhaltensweisen. Wer z. B. an einer Hundephobie leidet, wird zunächst respondent mit Angst reagieren, wenn ihm der Stimulus „Hund" auf dem Bürgersteig begegnet. Die respondente Angst ist dann aber nicht nur Reaktion, sondern gleichzeitig Stimulus für ein weiteres Verhalten: der Betroffene wechselt die Straßenseite. Dieses Fluchtverhalten wiederum ist eine operante Reaktion, denn sie wird durch die Angstminderung, die dem Straßenseitenwechsel folgt, verstärkt. Würde der Betroffene aufgrund seiner Phobie übrigens z. B. einen Park in seiner Nähe meiden, weil dort viele Hundehalter*innen mit ihren Tieren Gassi gehen, so würde man dieses Verhalten als Vermeidungsverhalten bezeichnen. Letztlich sind Flucht- und Vermeidungsverhalten äußerst bedeutsam für die Aufrechterhaltung von Phobien. Genau durch dieses Verhalten können keine korrigierenden Erfahrungen gemacht werden, die die Phobie in der Regel verschwinden lassen würden. Beispielsweise gibt es in Deutschland quasi keine gefährlichen Spinnen, die Menschen wirklich Schaden zufügen können. Diese Erfahrung, dass ein Kontakt mit Spinnen völlig harmlos verläuft, können Spinnenphobiker*innen, die konsequent Flucht- und Vermeidungsverhalten zeigen, wenn sie eine Spinne sehen oder deren Erscheinen befürchten, nicht in ausreichendem Maße machen. Insofern haben wir hier ein „perfektes" Zusammenspiel von respondentem und operantem Verhalten: Die respondente Angst wird durch das operante Fluchtverhalten aufrechterhalten.

In der Regel – wenn ausreichend Informationen vorliegen – wird das Verhalten im Rahmen einer funktionalen Analyse auf vier Ebenen beschrieben:

- Motorisches Verhalten (R_{mot}): Motorisches Verhalten sind alle willkürlichen sichtbaren Verhaltensweisen, etwa wegrennen, schreien, schimpfen, arbeiten, sprechen, erstarren, usw. Es ist wichtig, dieses motorische Verhalten genau zu erfragen und sich nicht mit ungefähren Schilderungen („Dann bin ich aggressiv geworden") zufrieden zu geben. Was genau hat er oder sie gemacht? Geschrien? Geschlagen? Getreten? …
- Kognitive Verhaltensweisen (R_{kog}): Hier handelt es sich um die Gedanken, die in dieser Situation auftreten. R_{kog} müssen von überdauernden kognitiven Schemata oder irrationalen Überzeugungen abgegrenzt werden, die nicht situationsspezifisch sind, aber häufig den Hintergrund für die kognitiven Reaktionen in der Situation bilden. Die kognitiven Schemata sind lebensgeschichtlich entstanden und bilden überdauernde Glaubenssätze (z. B. „Ich bin nicht liebenswert" als Folge von Ablehnung durch die Eltern in der Kindheit) und führen später in konkreten Situationen (z. B. eine Betriebsfeier im Erwachsenenleben) zu einschießenden Kognitionen (z. B. „Alle anderen hier halten mich für blöd") (vgl. Beck 2014, 42 ff.; Borg-Laufs und Beck 2018, 208 f.). Therapierelevant sind nicht nur irrationale (= falsche) Gedanken, sondern auch dysfunktionale Gedanken, die für sich genommen gar nicht falsch sind, aber in der konkreten Situation hinderlich oder schädigend. So ist der Gedanke „Wenn ich ihre Fragen nicht beantworten kann, werden die Schüler mich für keinen guten Lehrer halten" eines unsicheren Lehrers, den er beim Betreten einer neuen Klasse regelmäßig automatisch denkt, nicht komplett falsch. Eine Lehrperson, die häufig Fragen nicht beantworten kann,

wird vermutlich tatsächlich nicht sehr geschätzt. Dennoch ist es dysfunktional, einen solchen Gedanken in diesen Situationen immer wieder zu denken. Er kann Angst hervorrufen und letztlich z. B. dazu führen, dass dem Lehrer Antworten, die er ohne Angst geben könnte, nicht einfallen. Während die motorischen Verhaltensweisen häufig von sich aus erzählt werden, müssen die in der Situation auftretenden Gedanken in der Regel explizit erfragt werden. Fragen Sie also Ihre Klient*innen/Patient*innen, was ihnen in der Situation durch den Kopf gegangen ist.

- Physiologisches Verhalten (R_{phys}): Hier geht es um unwillkürliche Reaktionen, wie etwa erhöhte Herzfrequenz, Hitzewallungen, weinen, zittern, usw.
- Emotionales Verhalten (R_{em}): Welche Gefühlszustände erlebt die Patient*in/ Klient*in in der Situation? Fürchtet sie sich, oder ist sie wütend oder traurig? Auch die Emotion in der Situation sollte erfragt werden, denn manchmal erhalten wir auf Nachfrage andere Gefühlsbeschreibungen als wir vorab vermutet hätten.

2.4   Konsequenz (C)

Während die Folgen eines Verhaltens bei respondenten Reaktionen weniger wichtig sind, spielen sie bei operanten Reaktionen eine zentrale Rolle. Werden die Konsequenzen als angenehm erlebt, wird das Verhalten unter den gegebenen Stimulusbedingungen zukünftig vermutlich häufiger gezeigt. Werden sie hingegen aversiv erlebt, wird das Verhalten in den gegebenen Situationen zukünftig seltener gezeigt. Dabei ist wichtig zu verstehen, dass hiermit nicht unbedingt ein planvolles, gezieltes Verhalten impliziert ist. Operantes Lernen (also das Lernen am Effekt) gelingt zwar tatsächlich besonders gut, wenn die Verstärkung transparent ist und wir uns bewusst sind, dass sie eintritt, aber es funktioniert eben auch ohne jeden Plan. Wir können das alle an alltäglichen Verhaltensweisen von uns sehen. Überlegen Sie einmal, wie unterschiedlich Sie verschiedene Menschen begrüßen. Eine gute Freundin begrüßen Sie vielleicht mit einem flotten Spruch und einer festen Umarmung. Ihren Chef hingegen grüßen Sie möglicherweise bei einem Meeting mit einem Kopfnicken und ggf. einem Händedruck. In den Situationen, in denen sie so agieren, verhalten Sie sich nicht planvoll, sondern spontan. Sie vermuten zwar, wenn Sie darüber nachdenken, dass eine Umarmung und ein flotter Spruch unangenehme, peinliche Konsequenzen haben könnte, aber Sie fassen vor dem Meeting keinen bewussten Plan, wie Sie Ihren Chef begrüßen, das funktioniert „einfach so". Ebenso sollten wir anderen keine bewussten Pläne unterstellen. Ein sechsjähriges Grundschulkind etwa, welches bei den Hausaufgaben (S) so viel provoziert und sich verweigert (R), dass die Eltern gelegentlich entnervt nachgeben und nicht auf Erledigung der Aufgaben bestehen (C), verfolgt vermutlich nicht bewusst den Plan „Ich muss nur so dolle meine Eltern ärgern, bis sie aufgeben, dann erlebe ich Macht über sie und brauche mich nicht bei den Hausaufgaben anzustrengen". Dennoch wird das Erleben von Macht über die Eltern und das gelegentliche Nicht-erledigen-müssen der Hausaufgaben soviel Verstärkung für das provozierende und verweigernde Verhalten bieten, dass das Kind auch ohne „Plan" immer wieder dieses Verhalten zeigen wird.

Es gilt, vier verschiedene Arten von Konsequenzen zu unterscheiden, von denen jeweils zwei verstärkenden und zwei bestrafenden Charakter haben.

- Positive Verstärkung (C^+): Eine positive Verstärkung besteht darin, dass eine angenehme Konsequenz erfolgt. Dies kann ein Lob sein oder ein materieller Verstärker, ein angenehmes Gefühl, eine wie auch immer geartete angenehme Folge des Verhaltens.
- Negative Verstärkung ($\mathcal{C}^-$): Bei einer negativen Verstärkung wird hingegen ein unangenehmer Zustand beendet oder ein zu erwartender negativer Zustand verhindert. Hier ist ein typisches Beispiel, dass z. B. aufkommende Angst durch ein Flucht- oder Vermeidungsverhalten verringert wird. Wenn ein Mann an einer Rattenphobie leidet und wegläuft (R), wenn er Angst vor einer auf ihn zulaufenden Ratte empfindet (S), wird die Angst bei ausreichender Entfernung von der Ratte zurückgehen ($\mathcal{C}^-$). Ebenso wird selbstverletzendes Verhalten, etwa bei einer emotional instabilen Persönlichkeitsstörung, häufig negativ verstärkt, weil die Selbstverletzung einen als unangenehm empfundenen Erregungszustand beendet. Aber auch im Alltag werden durch bestimmte Verhaltensweisen – unabhängig von klinischen Störungsbildern – oft unangenehme Zustände beendet, etwa durch die Aufnahme einer Tätigkeit, die Langeweile verringert oder durch essen, wenn man vorher Hunger verspürt hat.
- Positive Bestrafung (C^-). Einem Verhalten folgt eine unangenehme (aversive) Konsequenz. Dies ist etwa dann der Fall, wenn riskantes Klettern auf einen Baum mit einem schmerzhaften Absturz bestraft wird, aber auch wenn ein Fehlverhalten zu heftigem Schimpfen eines Elternteils führt oder wenn die falsche Strategiewahl bei einem Computerspiel zum Verlieren des Spiels führt.
- Negative Bestrafung ($\mathcal{C}^+$): Ein angenehmer Zustand wird beendet oder eine zu erwartende angenehme Konsequenz erfolgt nicht. Dies ist zum Beispiel der Fall, wenn ein Mann in einer angenhmen romantischen Situation anfängt, über Fußball zu reden, seine Freundin daraufhin von ihm abrückt und die angenehme Situation beendet. Ein Kind erledigt die Rechenaufgaben nachlässig und macht dadurch viele Flüchtigkeitsfehler. Als es dem Vater die Aufgaben zeigt, bleibt das erwartete Lob für die gute Leistung aus.

Entgegen des häufigen Gebrauchs von „positiv" und „negativ" in der Alltagssprache unterscheiden diese Begriffe hier nicht Angenehmes von Unangenehmem. Diese Unterscheidung wird stattdessen durch die Begriffe Verstärker (angenehm) und Bestrafung (unangenehm) getroffen.

Tatsächlich ist die Differenzierung der verschiedenen Konsequenzen nicht ganz einfach. Dies ergibt sich zunächst daraus, dass es keine „objektiven" Maßstäbe dafür gibt, wann eine Konequenz verstärkend ist oder nicht. Weder lassen sich einzelne Reize definieren, die immer als angenehm empfunden werden, noch solche, die immer als unangenehm empfunden werden. So würden wir im allgemeinen annehmen, dass ein Lob verstärkende Wirkung hat. Würde aber z. B. ein SPD-Politiker das Lob eines AfD-Politikers als Verstärkung empfinden? Nein, es wäre eher davon auszugehen, dass er versuchen würde, ein solches Lob zu vermeiden, es hätte also bestrafenden Charakter. Und üblicherweise würden wir annehmen, dass das Schimpfen eines Elternteils von einem Kind als Strafe empfunden wird. Wenn das Kind aber kein liebevolles Verhalten von dem Elternteil erwarten darf, wird das Schimpfen möglicherweise als Zuwendung empfunden, die verstärkend wirkt. Auch zum Beispiel eine Verhaftung, für viele von uns eine extrem unangenehme Konsequenz auf ein Fehlverhalten, kann für manche Gang-Mitglieder durchaus verstärkenden Charakter haben, weil dadurch sowohl in ihrem Selbstbild als auch in den Augen ihrer Kollegen auch Anerkennung dafür transportiert wird, dass man sich getraut hat, so eine gefährliche Tat zu begehen. Entscheidend ist also nicht ein wie auch immer gearteter objektiver Charakter einer Konsequenz, sondern ihre subjektive Wirkung. Um diese aber beurteilen zu können, müssen wir oft sehr differenziert über die jeweilige Situation und die Person, deren Verhalten analysiert werden soll, Bescheid wissen.

Sogar die differenzierte Beurteilung eines Verstärkers daraufhin, ob es sich um eine positve Verstärkung (C^+) oder eine negative Verstärkung ($\mathcal{C}^-$) handelt, kann schwierig und wichtig zugleich sein. Nehmen wir beispielhaft die Frage, ob die Aufmerksamkeit von den Eltern, die ein Kind für ein Fehlverhalten bekommt, eine positive oder eine negative Verstärkung darstellt. Die erste Vermutung könnte sein, es handelt sich um eine positive Verstärkung, denn das Verhalten erzeugt ja eine angenehme Konsequenz. Tatsächlich ist es aber nicht so einfach. Wir müssten nämlich prüfen, ob vorher ein Mangel an Zuwendung herrschte oder nicht. Stellen wir uns also zwei unterschiedliche Ausgangssituationen vor:

Im ersten Fall sind die Eltern des Kindes liebevoll und aufmerksam, alle sind gemeinsam zu Hause, das Kind bekommt Aufmerksamkeit, wenn es angemessen Kontakt aufnimmt. Es probiert aber auch aus, die Eltern durch ständige Wiederholungen alberner Äußerungen zu „nerven" und auch dieses Verhalten ist erfolgreich, es bekommt Zuwendung. Hier handelt es sich um eine positive Verstärkung (C^+), denn das Kind bekommt einfach noch mehr als angenehm empfundene Aufmerksamkeit, obwohl es vorher schon genug Zuwendung durch die Eltern erfahren hat. In einem anderen Fall haben wir es mit einem vernachlässigten Kind zu tun, welches bei angemessener Kontaktaufnahme (freundliche Ansprache, usw.) keine Aufmerksamkeit erhält. Es zeigt nun das gleiche „nervende" Verhalten und bekommt dadurch die ersehnte Aufmerksamkeit. In diesem Falle handelt es sich aber um negative Verstärkung ($\cancel{C}^-$), denn ein unangenehmer Zustand (ich kann die Aufmerksamkeit meiner Eltern nicht erlangen) wird beendet. Dieser Unterscheid ist bedeutsam für die Arbeit mit der Familie: Im ersten Fall wäre – da kein Mangel an Aufmerksamkeit vorliegt – eine angemessene Strategie wohl, das Fehlverhalten zu löschen, indem das Verhalten ignoriert wird. Im zweiten Fall würde die gleiche Strategie nur dazu führen, dass das Kind noch mehr „aufdreht", um endlich den Mangelzustand (keine Aufmerksamkeit durch die Eltern) zu beenden. Um das Fehlverhalten zu verändern, müssen die Eltern zunächst ihr Verhalten dahingehend ändern, dass sie dem Kind für angemessene Kontaktaufnahme Zuwendung geben.

Insgesamt wirken Verstärkungen besser als Bestrafungen. Strafen haben oft nur zu Folge, dass ein Weg gesucht wird, das Verhalten zeigen zu können und die Strafe dennoch zu vermeiden. So sind z. B. „Blitzermeldungen" im Regionalradio und Blitzerapps für das Handy Möglichkeiten, weiterhin fast durchgängig das gesellschaftlich unerwünschte Fehlerverhalten „zu schnell fahren" zu zeigen und dabei durch gezielte Vermeidung von Geschwindigkeitskontrollen die Bestrafung zu verhindern.

2.5 Kontingenz (K)

In der lerntheoretischen Grundlagenforschung (vgl. z. B. Kanfer und Phillips 1970) wurde bereits im vergangenen Jahrhundert ausgesprochen differenziert untersucht, wie häufig, regelmäßig und zeitnah Verstärkungen gegeben werden müssen, damit sie gut funktionieren. Die Kontingenz ist die Regelmäßigkeit, mit der eine Konsequenz einem Verhalten folgt. Für die therapeutische und beraterische Praxis brauchen wir diesbezüglich nur zwei Modi zu unterscheiden, nämlich kontinuierliche und intermittierende Verstärkung. Bei der kontinuierlichen Verstärkung folgt einer Reaktion jedesmal die entsprechende Konsequenz. Dies führt einerseits zu einem schnellen Lernvorgang, andererseits kann das Verhalten sehr schnell wieder gelöscht werden, wenn die stets erwartete Belohnung ausbleibt. Ein typisches Beispiel wäre das Verhalten an einem Getränkeautomaten: Immer, wenn man oben eine bestimmte Taste drückt und einen bestimmten Geldbetrag einwirft, kommt unten ein Becher Kaffee heraus. Passiert dies einmal nicht, wird sofort das Verhalten geändert. Sie werfen nicht noch einmal Geld ein, sondern Sie rütteln am Automaten oder schreien ihn an. Das Ausbleiben der Verstärkung hat Sie sofort irritiert und Sie stellen das gewohnte Verhalten ein. Anders verhält es sich bei intermittierender Verstärkung. Zwar dauert der Lernvorgang etwas länger, aber das Verhalten ist sehr stabil. Das beste Beispiel sind Glücksspiele aller Art. Die Belohnung erfolgt in unvorhersehbaren unregelmäßigen Abständen. Ob am „einarmigen Banditen" oder am Roulettetisch, überall können Sie beobachten, wie Menschen immer weiter und weiter spielen, auch wenn Gewinne über lange Zeit ausbleiben und sie am Ende ihren gesamten Einsatz und zwischenzeitlich erzielte Gewinne verlieren. Stets werden sie angetrieben von der Aussicht, dass aber beim nächsten Spiel wieder ein Gewinn erfolgen könnte.

Denken Sie vor diesem Hintergrund einmal über die im Bezugspersonengespräch in der Kindertherapie oder in der Erziehungsberatung häufig zu hörende Äußerung „Eigentlich (!) sind wir konsequent" nach. Was bedeutet diese Aussage lerntheoretisch? Sie bedeutet mit hoher Wahrscheinlichkeit, dass die Eltern ein unerwünschtes Verhalten ihres Kindes durch intermittierende Verstärkung besonders löschungsresistent machen. So könnte es z. B. sein, dass das Kind die Aufgabe hat, täglich den Abendbrottisch zu decken. Die Eltern sagen zu gegebener Zeit ihrem Kind Bescheid (S). Dieses ignoriert diesen Hinweis oder reagiert mit hörbarem Stöhnen oder Widerspruch, jedenfalls: Es deckt den Abendbrottisch nach einfacher Aufforderung nicht (R). Die „eigentlich konsequenten" Eltern bestehen aber in der Regel darauf, etwa an fünf Tagen in der Woche setzen sie sich durch, wiederholen mehrfach die Aufforderung, drohen Strafen an usw. Durchschnittlich zweimal pro Woche haben sie aber einfach keine Kraft/Lust auf die Auseinandersetzung. Wenn sie die „bockige" Antwort ihres Kindes hören, verdrehen sie ihre Augen, denken sich ihren Teil und decken den Abendbrottisch selber (C). Mit anderen Worten: Sie verstärken das ignorante Verhalten ihres Kindes intermittierend. Fünfmal die Woche den Tisch zu decken ist besser, als es siebenmal tun zu müssen. Es besteht jeden Abend erneut die Chance, dass das Verhalten erfolgreich ist und das Kind länger spielen kann, die lästige Pflicht nicht ausführen muss. Auch wenn die Eltern nun eine Woche oder zwei Wochen durchgängig konsequent sind, wird das Kind aufgrund seiner Erfahrungen „bockig" bleiben, weil es jeden Tag aufs Neue hoffen kann, dass die Eltern doch wieder nachgeben.

Menschliches Verhalten verstehen: Funktionale Analyse in der Praxis

3.1 Einfach zu verstehendes Verhalten

In manchen Fällen ist das Verhalten, das mit einer funktionalen Verhaltensanalyse erklärt werden soll, recht einfach zu verstehen. Nehmen wir das häufig vorkommende Problem, das ein Kind sich wütend (R_{em}) und weinend (R_{phys}) auf den Boden wirft und schreit (R_{mot}), wenn die Mutter ihm nicht etwas von den vor der Supermarktkasse aufgebauten Süßigkeiten (S) kaufen will. Angesichts des Verhaltens ihres Kindes, was die Mutter als peinlich empfindet, bleibt sie nur manchmal hart, häufig nimmt sie Süßigkeiten aus dem Regal und legt sie in den Wagen (C^+, intermittierend). Diese Verhaltenskette sieht also so aus:

S	➡	R	➡	C^+ (int.)
Süßigkeiten an der Kasse		schreien, weinen, Wut		Süßigkeiten werden gekauft

Wir verstehen das Verhalten umgehend. Der Wutanfall führt zu einer Belohnung, weswegen das Kind dieses Verhalten mit hoher Wahrscheinlichkeit beim nächsten Supermarktbesuch wieder zeigen wird. Es ist übrigens nicht davon auszugehen, dass vorher ein Mangelzustand herrschte, dass das Kind etwa „unterzuckert" ist und ohne Süßigkeiten keine gute Zeit haben kann. Unter diesen Voraussetzungen hätten wir nicht ein C^+ (positive Verstärkung) als Konsequenz angenommen, sondern ein $\mathcal{C}^-$ (negative Verstärkung). So kompliziert ist es aber nicht. Die Süßigkeiten sind lecker, sie sind aus Sicht des Kindes ohne jeden Mangelzustand erstrebenswert. Auch ist das Einfügen einer Organismusvariable hier entbehrlich. Sie würde nichts zusätzlich erklären, der Sachverhalt liegt einfach auf der Hand. Wenn man das Verhalten ändern will, kann man nun jeden Punkt der Verhaltenskette dahingehend untersuchen, ob er beeinflusst werden kann/soll. In diesem Beispiel ist der Stimulus kaum veränderbar, der Supermarkt wird die

© Springer Fachmedien Wiesbaden GmbH, ein Teil von Springer Nature 2020
M. Borg-Laufs, *Die Funktionale Verhaltensanalyse*, essentials,
https://doi.org/10.1007/978-3-658-30812-4_3

Süßigkeitenauslage beibehalten. Wenn die Mutter hier weiter mit ihrem Kind einkaufen gehen will, wird der Stimulus gleich bleiben. Das Verhalten des Kindes wäre im Prinzip veränderbar. Die Eltern könnten ihm ein Alternativverhalten beibringen (R'), etwa freundlich nach einer Süßigkeit zu fragen. Das wird aber wenig nutzen, denn wenn die Mutter auf die freundliche Frage nicht in der erwünschten Weise reagiert, wird das alte Verhalten mit hoher Wahrscheinlichkeit dennoch gezeigt werden. Es bleibt also nichts anderes übrig, als an den Verstärkern anzusetzen. Die Mutter muss den Mut fassen, auf das herausfordernde Verhalten des Kindes gelassen zu reagieren und ihm keine Süßigkeit zu kaufen, was eine negative Bestrafung ($\mathcal{C}^+$) wäre. Da das Fehlverhalten bislang allerdings intermittierend verstärkt wurde, wird es in vielen Fällen eine gewisse Zeit dauern, bis das Kind sein Verhalten wirklich umstellt. Mit einem einfachen Trick könnte sie allerdings dafür sorgen, dass der Lernvorgang schneller funktioniert. Die Mutter könnte zu Beginn des Supermarktbesuches eine schöne Kleinigkeit, etwa ein besonders leckeres Obst, eine angemessene kleine Süßigkeit oder etwas anderes mit dem Kind zusammen aussuchen und in den Einkaufswagen legen. Falls es an der Kasse dann das gewohnte Verhalten zeigt, erhält es nicht nur keine zusätzliche Süßigkeit, sondern die anfangs ausgesuchte Kleinigkeit wird aus dem Einkaufswegen genommen und zurück ins Regal gelegt. Das Kind verliert also einen vorab gegebenen Verstärker. Dieses Vorgehen nennt man in der Psychologie „Response Cost" und es führt zu sehr schnellen Erfolgen, sofern das Kind dieses „Goodie" wirklich haben möchte.

Wir sollten allerdings nicht denken, dass diese einfachen Verhaltensketten nur auf kindliches Verhalten anzuwenden seien. Auch wir Erwachsenen zeigen in vielen Alltagssituationen ein ähnlich einfach zu verstehendes Verhalten. Warum essen Menschen, die eigentlich Sorgen haben, an Gewicht zuzunehmen, Schokolade? Warum rauchen Raucher? Warum faulenzen wir in der Sonne, obwohl wir eine wichtige Arbeit erledigen müssten? Stets ist die Antwort die gleiche: Weil das Verhalten kurzfristig belohnt wird, während die unangenehmen Konsequenzen erst später folgen und somit nicht verhaltenswirksam sind. Wenn die Sonne verführerisch durch das Fenster scheint (S), folgt auf das Verlassen des Schreibtisches und das Betreten des Balkons (R_{mot}) unmittelbar sowohl das angenehme Gefühl der Sonne auf der Haut (C^+) als auch der Wegfall der anstrengenden Arbeit ($\mathcal{C}^-$), während das unangenehme Stirnrunzeln des Chefs am nächsten Tag (C^-) und auch der größere Druck, die Arbeit nun noch schneller erledigen zu müssen (C^-), zeitlich viel zu weit entfernt sind, um das Verhalten zu beeinflussen.

S	➡	R	➡	C⁺ (kont.)
Sonnenschein		Arbeit beenden,		Wärmende Sonne
		auf dem Balkon	➡	$\cancel{C}^-$ (kont.)
		faulenzen		nicht mehr anstrengen
			→	C⁻ (int.) (langfr.)
				kritische Reaktion des Chefs
			→	C⁻ (kont.) (langfr.)
				größerer Druck

Das Verhalten wird also auch in Zukunft mit hoher Wahrscheinlichkeit auftreten, weil die langfristigen negativen Effekte (gekennzeichnet durch einen gestrichelten Pfeil) lerntheoretisch betrachtet keine Verhaltenswirksamkeit zeigen. Vielleicht ist auch das ein Grund, warum eine lerntheoretische Betrachtung menschlichen Verhaltens nicht so beliebt ist: Es passt nicht zu unserem Selbstbild als verantwortlich Entscheidung treffende Menschen, dass unser Verhalten oftmals genauso banal von kurzfristigen Effekten bestimmt wird, wie das Verhalten der Ratten und Tauben in Skinners Experimenten (Skinner 1973), obwohl wir es doch eigentlich besser wissen.

Und obwohl die Einsicht recht schnell vermittelbar ist, warum wir dieses Verhalten zeigen, bleibt es doch schwer zu verändern. Das hier konkret beschriebene Verhalten, statt zu arbeiten auf dem Balkon zu entspannen, wird übrigens im Herbst schnell aufhören. Die verheißungsvoll scheinende Sonne wärmt nicht mehr genug, so dass diese kontinuierliche Belohnung dann entfällt und das Verhalten schnell geändert wird – leider aber vermutlich nicht in die gewünschte Richtung, weil die negative Verstärkung durch die ausbleibende Anstrengung weiterhin wirksam ist. Es wird bei schlechterem Wetter ein Alternativverhalten (R') gesucht werden, welches ebenfalls angenehmer ist als das Erledigen der Aufgabe, etwa ein Computerspiel spielen, eine Serie schauen oder gar die Wohnung aufräumen. Therapievorschläge gegen Prokrastination (das regelmäßige Aufschieben notwendiger Arbeiten) beinhalten daher häufig Ideen dazu, wie das Arbeiten einen positiven Wert für den Betroffenen erhalten kann, etwa indem die zur Verfügung stehende Arbeitszeit restriktiv verkürzt wird. Die Arbeit, die auf einmal nur noch zu einer bestimmten Zeit des Tages erledigt werden darf (!), z. B. von 10–11 Uhr, und somit ein „knappes Gut" wird, kann so auf einmal belohnenden Charakter bekommen (probieren Sie es aus!). Darüber hinaus kann versucht werden, selber weitere Belohnungen mit der Arbeit zu verknüpfen (z. B.: Spielzeiten am Computer werden an Arbeitszeiten gebunden, etwa für jede Minute konzentriertes Arbeiten kann eine Minute Spielzeit erworben werden), was bei hinreichender Motivation ebenfalls gut funktionieren kann. Schließlich kann ein Trick darin bestehen, die unangenehmen Folgen zumindest kognitiv näher an das Fehlverhalten heranzurücken. Wer ein Foto des grimmigen Chefs am Balkongeländer befestigt, wird sofort an die negativen Folgen erinnert, wenn er oder sie sich nach draußen setzt und die Situation ist weniger angenehm.

An diesem Beispiel kann etwas Wichtiges für das Verständnis von Verhalten und im Hinblick auf Möglichkeiten der Verhaltensänderungen gelernt werden, was in vielen Fällen eine Rolle spielt: Es sollten möglichst alle relevanten Verstärker eines Verhaltens erfasst werden. Hätten wir in dem Beispiel den Verstärker „keine Anstrengung" übersehen und etwa nur das angenehme Gefühl der Sonne auf der Haut beachtet, hätten wir die aufrechterhaltenden Bedingungen des Verhaltens nicht erfasst und keine hinreichenden Veränderungsideen entwickelt.

3.2   Schwerer zu verstehendes Verhalten

Die Beispiele des vorhergehenden Abschnittes waren unmittelbar verständlich. Uns ist sofort klar, dass der angenehme Geschmack von Süßigkeiten und das wunderbare Gefühl beim Faulenzen verstärkenden Charakter haben, denn das sind Konsequenzen, die für viele Menschen – wohl auch für die meisten von uns – verstärkenden Charakter haben. In Beratung und Therapie werden wir aber oft mit Verhaltensweisen konfrontiert, die auf den ersten Blick nur aversiv erscheinende Konsequenzen haben und die dennoch aufrechterhalten werden. In diesen Fällen müssen wir die individuelle Verfasstheit der Patient*innen oder Ratsuchenden genauer in den Blick nehmen. Die überdauernden Dispositionen innerhalb der Person – die Organismusvariable – werden uns erst helfen, dieses Verhalten zu verstehen.

So könnten Sie zum Beispiel im Gespräch erfahren, dass Ihr Patient, ein heterosexueller, ungebundener junger Mann, sich immer sehr abweisend und unfreundlich verhält, wenn er erlebt, dass eine junge Frau sich ihm freundlich flirtend zuwendet. Er beklagt sich, so ja nie eine Partnerin bekommen zu können. Eine erste funktionale Analyse mit den situativen Bedingungen lässt das Verhalten aus lerntheoretischer Sicht unverständlich erscheinen. Die freundliche Ansprache durch die junge Frau (S) wird von ihm also regelmäßig mit schroffem, abweisendem Verhalten (R_{mot}) beantwortet. Über seine Gefühle (R_{em}) und Gedanken (R_{kog}) in der Situation kann der Patient im ersten Gespräch keine Antwort geben, weil er noch nie darauf geachtet und auch einen schlechten Zugang zu seinen Gefühlen hat. Im Ergebnis wenden sich die zunächst kontaktwilligen Frauen aber regelmäßig von ihm ab. Er hat also viele Chancen vertan, es folgt kein angenehmes Gespräch, keine selbstwertstärkende Erfahrung des Gemocht-werdens, kein weiteres freundliches Lächeln, von weitergehenden Chancen, die in der Situation noch liegen könnten, ganz zu schweigen. All diese Konsequenzen können wir als $\mathbb{C}^+$ (negative Bestrafung) interpretieren: Eigentlich zu erwartende positive Konsequenzen werden nicht folgen. Damit ergibt sich zwingend aus der Lerntheorie, dass das Verhalten immer unwahrscheinlicher werden müsste. Dass dies aber nicht so ist, bedeutet, unsere Analyse kann noch nicht vollständig sein.

Bei einem weiteren Gespräch über seine Lebensgeschichte erfahren Sie unter anderem, dass Ihr Patient frühkindlich mehrere Bindungsabbrüche durchleiden musste. Seine junge Mutter, die wohl mit der Erziehung eines Kindes überfordert war, hat ihn in seinen ersten 10 Lebensmonaten betreut, bis sie es nicht mehr schaffte und ihn ihrer Mutter gab. Er lebte dann ein Jahr, in dem er seine Mutter nur selten zu Gesicht bekam, bei seiner Oma. Dann kam es zu einem massiven Streit zwischen Mutter und Oma, woraufhin die Mutter ihn wieder zu sich nahm und den Kontakt zur Oma gänzlich abbrach. Die Oma informierte das Jugendamt. Aufgrund der ungenügenden Erziehungsfähigkeit der Mutter wurde eine Sozialpädagogische Familienhilfe installiert, aber nach einem halben Jahr zeigte sich, dass die Mutter es auch mit Hilfe nicht schaffte. Ihr Patient kam zur weiteren Diagnostik in eine Kurzzeitpflegefamilie, geplant waren nur wenige Wochen, bevor ein fester Lebensort gefunden werden sollte. Unglücklicherweise zog sich diese Phase aber über 10 Monate, in der er in der Kurzzeitpflegefamilie lebte. Er kam dann für ein Jahr in ein Kinderheim, bevor er im Alter von nunmehr vier Jahren in eine Dauerpflegefamilie kam, die aber an ihrer Aufgabe, dem Jungen ein dauerhaftes Heim zu geben, scheiterte, so dass er schließlich fünfjährig dauerhaft im Kinderheim untergebracht wurde. Vor diesem Hintergrund wird nun das Verhalten klarer. Ihr Patient hat so viele massive Bindungsabbrüche erlebt, dass sein Grundbedürfnis nach Bindung massiv verletzt ist. Er tut – unbewusst – alles, um weitere Verletzungen seines Bindungsbedürfnisses zu vermeiden. Daher bemüht er sich um emotionalen Abstand zu allen Menschen – er „lässt niemanden an sich ran", denn wer ihm nicht zu nahe kommt, der kann ihn auch nicht verletzen. Die beschriebenen Konsequenzen seines Verhaltens stellen also für ihn keine negative Bestrafung dar, wie zunächst angenommen, sondern vorrangig eine negative Verstärkung ($\mathbb{C}^-$), denn seine Angst vor Verletzungen seines Bindungsbedürfnisses geht zurück, sobald die junge Frau sich von ihm abwendet.

S $\Rightarrow$	O $\Rightarrow$	R $\Rightarrow$	$\cancel{C}^-$ (kont.)
freundlich	verletztes	abweisendes	keine Bindungsverletzung
lächelnde Frau	Bindungsbedürfnis	Verhalten	möglich, Angstreduktion

Als therapeutische Vorgehensweise wäre z. B. ein Training Sozialer Kompetenz allein nicht erfolgversprechend, denn es würde die Ergebnisse der funktionalen Analyse missachten. Bevor er sein „Flirtverhalten" mit Aussicht auf Erfolg verändern kann, muss die Organismusvariable geändert werden, damit er die Angst vor einer Verletzung seines Bindungsbedürfnisses verlieren kann. Wichtig wird dafür sein, dass er in der therapeutischen Beziehung eine neue Bindungserfahrung machen kann und/oder, dass ihm geholfen wird, in kleinen Schritten mehr Nähe zu anderen Personen aufzubauen, die ihn nicht verletzen. Auch kognitive Therapie, die die mit der Angst zusammenhängenden überdauernden kognitiven Schemata (die auch als Bestandteil der Organismusvariable zu verstehen sind), möglicherweise solche Schemata wie „Man darf anderen Menschen niemals trauen" oder „Menschen wollen einen nur kaputtmachen" o. Ä., durch geeignete Gesprächsführung bearbeitet, wird hier vermutlich sinnvoll sein.

Ein weiteres Beispiel könnte ein Elternteil sein, welches regelmäßig sein Kind schlägt (R_{mot}), wenn es z. B. Regeln nicht befolgt (S). Die Konsequenzen dieses Verhaltens sind durchaus zwiespältig. Einerseits ist das Verhalten eine gewisse Zeitlang in dem Sinne erfolgreich, dass das Kind durch diese Gewalttat tatsächlich die Regel befolgt ($\cancel{C}^-$), andererseits lieben Eltern in der Regel ihr Kind und einen geliebten Menschen leiden zu sehen, ist sicher auch aversiv (C^-). Zudem werden viele, die sich so verhalten, recht schnell mit einem „schlechten Gewissen" (C^-) bestraft, denn eine große Mehrheit aller Eltern weiß heute, dass ein solches erzieherisches Verhalten falsch und schädlich ist. Nicht zuletzt – auch dessen sind sich viele Eltern bewusst – ist etwa in Deutschland jegliche Gewalt in der Erziehung gesetzlich untersagt. In den letzten Jahrzehnten sind darum Schläge in der Erziehung in Deutschland deutlich seltener geworden als noch in der Mitte des 20sten Jahrhunderts. Was aber bringt manche Eltern dazu, abweichend von der großen Mehrheit aller Eltern, auch heute noch regelmäßig Schläge als Erziehungsmittel einzusetzen? Hier sind verschiedene Antworten möglich und das verdeutlicht, dass funktionale Analysen immer wieder am Einzelfall erstellt werden müssen – „allgemeingültige" Antworten für alle Betroffenen gibt es nicht.

Immer noch gibt es Milieus, in denen körperliche Strafen als sinnvolles Erziehungsmittel betrachtet werden. „Eine Tracht Prügel hat noch niemandem geschadet" ist ein Spruch, den ich schon mehrfach in meinem Leben zu hören bekam und noch weitergehender wird auch die Überzeugung vertreten, dass Schläge in der Erziehung förderlich für die Entwicklung des Kindes seien, etwa weil das Kind dadurch bestimmte Fehlverhaltensweisen abstelle. Wir können dies als irrationale Überzeugung betrachten, denn es gibt kaum einen Zusammenhang, der in den Sozialwissenschaften besser belegt ist, als die negative Auswirkung von gewalthaltiger Erziehung. Eine solche irrationale Überzeugung führt aber dazu, dass zusätzliche Verstärker wirksam werden. Eltern, die vor dem Hintergrund eines solchen Glaubenssatzes ihre Kinder erziehen, erleben ihr Handeln als kongruent zu ihrer Überzeugung, empfinden vermutlich Stolz darüber, ihre Kinder „richtig" zu erziehen. Diese Gedanken und Empfindungen im Nachgang zu ihrem Verhalten sind interne Verstärker.

S ➡	O ➡	R ➡	C^+ (kont.)
Kind befolgt	Überzeugung	schlägt	Kongruenzerleben
Anweisungen nicht	„Schläge sind	das Kind	Stolz
	notwendig und sinnvoll"		

In einem anderen Fall könnten aber ganz andere Faktoren eine Rolle spielen. Denken Sie an eine junge Mutter, die massiv in ihrem Selbstwert und in ihrem Grundbedürfnis nach Kontrolle verletzt wurde, etwa, indem sie als Kind Misshandlungen und/oder Missbrauch erleben musste. Vermutlich erlebt sie es als sehr selbstwertdestabilisierend und als erneuten Kontrollverlust, wenn es ihr nicht gelingt, ihr Kind dazu zu bringen, ihren Anweisungen und Regeln zu folgen. Diesen Selbstwert- und Kontrollverlust verhindert sie dadurch, dass sie mittels Gewalt ihr Kind dazu bringt, ihren Anweisungen zu folgen.

S ➡	O ➡	R ➡	$\not C^-$ (kont.)
Kind befolgt	Selbstwert-	schlägt	keine Selbstwertverletzung
Anweisungen nicht	verletzungen	das Kind	kein Kontrollverlust
	Erfahrungen von		
	Kontrollverlust		

Dies sind nur zwei Beispiele für mögliche Ergebnisse von funktionalen Analysen zu gewalthaltigem Erziehungsverhalten. Sie machen deutlich, dass auch bei identischen Verhaltensweisen im diagnostischen Gespräch stets sorgfältig die individuellen Bedingungen für das zu verändernde Verhalten erarbeitet werden müssen. Vergleichen wir die beiden Analyseergebnisse, so wird schnell deutlich, dass eine Veränderung des kindeswohlgefährdenden Verhaltens der beiden Mütter recht unterschiedliche Vorgehensweisen erfordert.

Im ersten Fall, in dem irrationale Überzeugungen über Erziehung zu den Verstärkern „Kongruenzerleben" und „Stolz" führen, wird es wichtig sein, diese Überzeugungen im Rahmen einer kognitiv orientierten Beratung oder Therapie zu hinterfragen. Neben den kognitiven Therapiemethoden im engeren Sinne besteht hier auch die Chance, dass angemessene Wissensvermittlung über Erziehungsmethoden hilfreich sein kann. Im zweiten Fall muss der Fokus der Hilfe anders liegen. Hier wird es wichtig sein, durch ressourcenorientiertes Arbeiten und kognitive Methoden Selbstwert aufzubauen. Möglicherweise müssen aber auch die eigenen traumatischen Kontrollverluste in der Kindheit durch geeignete therapeutische Methoden bearbeitet werden. Auch müssen Erfahrungen von Kontrolle vermittelt werden, die ohne Gewalt in der Erziehung erzielt werden. Die zu verwendenden Methoden und die Gesprächsinhalte werden in Beratungs- oder Therapiegesprächen jedenfalls in beiden Fällen unterschiedlich sein, da verschiedene überdauernde Dispositionen (Organismusvariablen) und Verstärkerwirkungen fokussiert werden müssen.

3.3 Eins nach dem anderen: Verhaltensketten

Bislang haben wir uns einzelne Verhaltensweisen angesehen. Oft haben wir aber doch den Eindruck, dass sich „eins aus dem anderen" ergibt. Irgendwie scheinen manche ungünstige Verhaltensweisen wie magisch andere ebenfalls ungünstige Verhaltensweisen nach sich zu ziehen. Lerntheoretisch gesprochen ist manchmal das eigene Verhalten *gleichzeitig* der Stimulus für ein weiteres Verhalten und in anderen Situationen ist eine Konsequenz *gleichzeitig* der Stimulus für das nachfolgende Verhalten.

3.3.1 Angst und Vermeidung

Bereits vor langer Zeit hat Mowrer (1951) herausgearbeitet, dass Angstreaktionen Stimuli für Vermeidungs- oder Fluchtverhalten sind. In einem vorangegangenen Abschnitt hatten wir Vermeidungs- und Fluchtverhalten bereits vorgestellt, aber ohne dies mit einer detaillierten funktionalen Analyse zu beleuchten. Die sich aus dem Modell von Mowrer ableitbaren therapeutischen Vorgehensweisen zur Behandlung von Phobien (Konfrontationstherapie) haben sich in hohem Maße als erfolgreich erwiesen (Kröner-Herwig 2004). Es lohnt sich daher, die sich in diesem Sinne ergebenden Verhaltensketten zu betrachten.

Als Beispiel wählen wir eine Zahnarztphobie. Viele von uns haben kein „gutes Gefühl" beim Gang zum Zahnarzt, aber dieses ungute Gefühl ist überwindbar und viele von uns gehen nicht nur bei akutem Bedarf (Zahnschmerzen), sondern auch zu Vorsorgeuntersuchungen. Von einer Zahnarztphobie Betroffene haben überwältigende Ängste vor dem Zahnarztbesuch. Sie glauben, dies nicht aushalten zu können. Manche Kinder, die zum Zahnarzt gebracht werden, verhindern schreiend und um sich schlagend jede Behandlung. Betroffene Erwachsene vermeiden oft auch bei starken Schmerzen den Zahnarztbesuch und nehmen chronische Zahnprobleme oder auch weitere Gesundheitsschäden in Kauf, um die Angst zu vermeiden. Tatsächlich ist in vielen Fällen denkbar, dass eine Zahnarztphobie klassisch konditioniert erworben wurde. Das heißt, die Betroffenen haben etwa in der Kindheit unvoreingenommen in einem Behandlungsstuhl Platz genommen und dann eine überraschend schmerzhafte Behandlung erlebt, die der Auslöser der Phobie war. In anderen Fällen wurde die Angst möglicherweise am Modell gelernt oder auch nur über Erzählungen erworben. So oder so ist aber eine respondente Angstreaktion (R_r) entstanden. Ohne dass die Behandlung auch nur begonnen wurde, löst z. B. schon das Sitzen im Behandlungsstuhl oder gar das Betreten einer Zahnarztpraxis heftige Angst aus. Für die Behandlung ist es im Übrigen nur am Rande relevant, ob tatsächlich eine auslösende Situation in Form einer schmerzhaften Zahnbehandlung erinnert werden kann oder nicht. Im Ergebnis ist die Reaktion respondent, sie antwortet auf den Stimulus und die nachfolgenden Konsequenzen sind für die Angstentwicklung irrelevant.

Interessant ist nun, dass die Angstreaktion gleichzeitig der (interne) Stimulus für das nachfolgende Flucht- oder Vermeidungsverhalten ist, welches mit Angstreduktion belohnt wird. Das um sich schlagende Kind im Zahnarztstuhl zeigt Fluchtverhalten, denn es befindet sich bereits in der Situation. Der oder die Erwachsene, der/die trotz Schmerzen gar nicht erst zum Zahnarzt geht, zeigt Vermeidungsverhalten. Die Vorstellung, zum Zahnarzt zu gehen, löst so viel Angst aus, dass er oder sie gar nicht erst zum Zahnarzt geht und auch für dieses Verhalten mit Angstreduktion belohnt wird. Das Fatale daran ist, dass – einen umsichtigen Zahnarzt oder eine umsichtige Zahnärztin vorausgesetzt – Zahnarztbesuche heute in aller Regel ohne große Schmerzen vonstatten gehen. Wer Schmerzen vermeiden will, lässt sich vor der eigentlichen Behandlung ein Betäubungsmittel geben. Man spürt nur für wenige Sekunden einen unangenehmen Einstich. Nachdem dann die Wirkung eingetreten ist, können selbst intensive Behandlungen weitestgehend ohne weiteren Schmerz erlebt werden. Da aber das Flucht- bzw. Vermeidungsverhalten permanent durch die Angstreduktion operant verstärkt wird, können die Betroffenen gar nicht die Erfahrung machen, dass ein Zahnarztbesuch keine oder kaum Schmerzen verursacht und im Vergleich vermutlich deutlich angenehmer ist als eine chronische Entzündung aufgrund nicht erfolgter Behandlung.

S	$\Rightarrow$	$R_r = S$	$\Rightarrow$	R_o	$\Rightarrow$	$\not\!C^-$ (kont.)
Kontrolltermin		Angst		zu Hause bleiben		Angst geht zurück

Untersucht man diese Verhaltenskette nach therapeutischen Ansatzpunkten, so sind die respondente Angst und das operante Vermeidungsverhalten veränderbar. Der Stimulus hingegen ist nicht sinnvoll veränderbar, denn aus gesundheitlichen Gründen ist ein gelegentlicher Zahnarztbesuch sinnvoll und die Konsequenz Angstreduktion ist auch nicht veränderbar, denn sie erfolgt unwillkürlich und unvermeidlich. Die Therapie wird also in der einen oder anderen Form direkt am Verhalten ansetzen. Durch Reizkonfrontation (in sensu oder in vivo, d. h. in der Vorstellung oder in der Realsituation), welche graduiert (in kleinen Schritten; z. B. zunächst nur im Wartezimmer sitzen können; später ohne Behandlung im Behandlungsstuhl; dann völlig harmlose Behandlung, z. B. Zahnreinigung, usw.) oder massiert (Konfrontation mit der maximal Angst auslösenden Situation) stattfindet, wird ausführlich durch Psychoedukation und Motivationsarbeit vorbereitet. Welche der Konfrontationsmethoden gewählt wird, hängt von spezifischen Faktoren wie etwa dem Lebensalter und der Motivation der Patient*innen und der Verfügbarkeit der die Angst auslösenden Reize ab.

3.3.2 … und es geht immer weiter

Eine andere Form der Verhaltensverkettung ergibt sich, wenn das eigene Verhalten Konsequenzen hervorruft, die wiederum das nächste Verhalten anregen … und so weiter. Stellen Sie sich eine typische Konfliktsituation zwischen einer Jugendlichen und ihrem Vater vor. Ihnen wird als Erziehungsberater*in oder Psychotherapeut*in berichtet, dass sich ein Streit häufig in der folgenden Art entwickelt: Der Vater fordert seine Tochter auf, ihr Zimmer aufzuräumen. Die Jugendliche, die erstens seit einiger Zeit enormes Autonomiestreben zeigt und andererseits in ihrem Selbstwert sehr verunsichert ist, gibt ihrem Vater eine patzige Antwort. Dies ärgert den Vater, der daraufhin das aus seiner Sicht in letzter Zeit häufig respektlose Verhalten seiner Tochter ausführlich tadelt. Als er dies tut, wird seine Tochter wütend und schreit ihn an. Er beschimpft sie dann, woraufhin sich die Tochter in ihrem Zimmer einschließt und nichts mehr sagt. Der Vater steht dann meistens an der Tür, entschuldigt sich und bittet sie, doch ihre Tür wieder zu öffnen. Sie hört sich seine Bitten eine Zeitlang an, bevor sie schließlich die Tür öffnet und die beiden sich wieder vertragen.

Hier haben wir zwei beteiligte Personen, die beide mit dieser häufigen Eskalation zwischen ihnen nicht glücklich sind. Da eine funktionale Analyse immer nur aus der Perspektive einer Person erfolgen kann, muss mit beiden im Gespräch genauer geklärt werden, was in der Situation jeweils in ihnen vorgeht. Das Ergebnis des Gesprächs mit der Tochter sieht folgendermaßen aus:

S ➡	O ➡	R ➡	C⁻ (int.)=S ➡	R ➡	$\not\!C^-$ (kont.)=S
Aufforderung aufzuräumen	- Autonomiestr. - Selbstw. gering	- kog: „Meine Sache" - Patzige Antwort - räumt nicht auf	Vater tadelt, wird als abwertend empfunden	- schreit V. an - wütend - erregt	Vater schimpft, ist abwertend
		➡ $\not\!C^-$ (kont.) Selbstwertminderung u. Autonomieverlust verhindert		➡	$\not\!C^-$ (kont.) kog: „Ich lass mir nichts- gefallen"

Bis hierhin ist aus Sicht der Tochter also Folgendes passiert: Ihr Vater hat sie aufgefordert, ihr Zimmer aufzuräumen (S). Vor dem Hintergrund ihres ausgeprägten Autonomiestrebens und ihres labilen Selbstwertes (O) empfindet sie dies als übergriffig, denkt sich „Das ist doch wohl meine Sache", räumt ihr Zimmer nicht auf und gibt eine klare Antwort (R). Dadurch erlebt sie ihre Autonomie als gewahrt und hält ihren Selbstwert aufrecht ($\mathcal{C}^-$), was belohnend ist und ihr Verhalten verstärkt. Gleichzeitig folgt aber auf ihre Antwort ein ausufernder Tadel, den sie als abwertend interpretiert. Dieser Tadel führt ($C^- = S$) dazu, dass sie sich aufregt und wütend ihren Vater anschreit (R), wodurch sie aus ihrer Sicht zeigt, dass sie sich nichts gefallen lässt, also wiederum Selbstwertminderung und Autonomieverlust verhindert ($\mathcal{C}^-$), woraufhin ihr Vater nun wütende Beschimpfungen ausstößt, die wiederum Anlass für ihre nächste Reaktion sind ($C^- = S$):

➡ R ➡	C⁺ (kont.)=S ➡	R ➡	$\not\!C^-$ (kont.)
schließt sich im Zimmer ein	Vater entschuldigt sich, öffnet die Tür bittet um Versöhnung		kein Streit mehr, Versöhnung
➡	$\not\!C^-$ (kont.) kein Autonomieverlust, setzt sich durch		C⁺ Autonomieerleben, denn sie konnte entscheiden

Sie schließt sich in ihrem Zimmer ein (R), wodurch sie Macht gewinnt und erlebt, dass ihr Vater sich entschuldigt, um Versöhnung bittet ($C^+ = S$), woraufhin sie die Tür öffnet (R), was eine friedliche, angenehme Situation ohne Gesichtsverlust (C) zur Folge hat.

Und aus Sicht des Vaters? Das Gespräch mit ihm ergibt: Es beginnt mit einem unaufgeräumten Jugendlichenzimmer (S), welches für ihn Anlass ist, seine Tochter darauf anzusprechen (R). Er empfindet ihre Antwort als unangemessen und patzig, was ihn dazu bringt ($C^- = S$), auf ihre aus seiner Sicht häufig patzige Art anzusprechen (R_{mot}), wobei er sich ärgerlich (R_{em}) denkt „Was glaubt die eigentlich, wie sie mit mir reden kann?!" (R_{kog}). Er empfindet seine Reaktion als notwendig für seine Selbstachtung ($\mathbb{C}^-$), muss aber erleben, dass sie nicht etwa einsichtig wird, wie er gehofft hatte ($\mathbb{C}^+$), sondern ihn anschreit, was ihn dazu bringt ($C^- = S$), nun seinerseits wütend (R_{em}) mit dem Gedanken „der werde ich es zeigen!" mit ihr zu schimpfen (R_{mot}). Er erlebt also, dass er seiner Tochter gegenüber nicht nachgibt ($\mathbb{C}^-$), nun schließt sie sich aber in ihrem Zimmer ein, was ihn hilflos (C^-) macht und ein schlechtes Gewissen in ihm hervorruft, welches ihn dazu bringt ($C^- = S$), sich zu entschuldigen und sie zu bitten, die Tür zu öffnen (R). Dass sie dies dann tatsächlich tut und sich mit ihm versöhnt, lindert sein schlechtes Gewissen ($\mathbb{C}^-$) und lässt ihn denken, dass er doch ein guter Vater ist, woran er nach der Eskalation gezweifelt hatte ($\mathbb{C}^-$). Aus seiner Perspektive sieht also alles ganz anders aus.[1]

Bei einer so langen Verhaltenskette ist gut zu verstehen, dass eine möglichst frühe Unterbrechung der Kette günstig ist, um die Eskalation erst gar nicht in Gang kommen zu lassen. Wenn wir hier also nach Anhaltspunkten für eine Intervention suchen, fangen wir daher ganz vorne an.

- Das unaufgeräumte Zimmer (Stimulus für den Vater). Zunächst wäre zu klären, ob diese Streitentwicklung wirklich immer im Zusammenhang mit dem unaufgeräumten Zimmer steht. Vermutlich ist das nicht so und wir sollten dann dem Zimmer als Auslöser keine Bedeutung schenken, da eine Änderung nur zur Folge hätte, dass sich Streit eben an anderen Auslösern entzündet. Sollte es aber tatsächlich solche Streitsituationen nur in Zusammenhang mit dem unaufgeräumten Zimmer geben, wäre ja immerhin denkbar, gemeinsam zu überlegen, wie das Zimmer dauerhaft in einen aufgeräumteren Zustand gebracht werden könnte.
- Die Aufforderung zum Aufräumen (Reaktion des Vaters, Stimulus für die Tochter). Falls die Streitsituationen sich nur auf das Zimmer beziehen, könnte erarbeitet werden, ob es einen besseren Zeitpunkt gibt oder eine angemessenere Art der Aufforderung gewählt werden kann. Auch könnte mit

---

[1]Wenn Sie – als kleine Übung – die Perspektive des Vaters auch als Verhaltenskette darstellen, können Sie schön erkennen, wie jeweils sein Verhalten ein Teil der Konsequenz für seine Tochter und auch den Ausgangspunkt für ihr weiteres Verhalten darstellt – und umgekehrt ihr Verhalten Konsequenz und Stimuls für ihn sind.

dem Vater geklärt werden, ob ihm das aufgeräumte Zimmer einer Jugendlichen so wichtig ist, dass es ihm den weiteren Verlauf wert ist oder ob er nicht die Verantwortung für den Zustand des Zimmers bei seiner Tochter lassen kann. Sollten auch andere Aufforderungssituationen als Auslöser für Streiteskalationen erkannt werden, wären diese Fragen allgemeiner mit dem Vater zu klären.

- Organismusvariable der Tochter: Ihr Autonomiebestreben ist entwicklungsangemessen, aber ihr geringer Selbstwert könnte durch ressourcenorientierte Arbeit und/oder kognitive Umstrukturierung erhöht werden, so dass sie eine Aufforderung dieser Art nicht als Angriff auf Selbstwert und Autonomie empfindet, wodurch die empfundene Selbstwert- und Autonomie-Aufrechterhaltung kaum noch wichtig und verstärkend wäre.
- Verhalten der Tochter (nicht aufräumen, patzig antworten), gleichzeitig Stimulus für den Tadel durch den Vater: Könnte sie – vielleicht vor dem Hintergrund von erreichten Veränderungen in der Organismusvariablen – anders reagieren? Etwa zwar klar, aber freundlich reagieren („Mensch Papa, lass das doch meine Sorge sein … ich räum schon auf, wenn es mir selber zu arg wird"), oder sogar … das Zimmer aufräumen?
- Tadel des Vaters (Stimulus für das folgende wütende Verhalten der Tochter): Hier wäre Anlass zu Psychoedukation: Jugendliche „Patzigkeit" ist mehr oder weniger übliches Jugendverhalten. Ist seine Kognition „Was glaubt die eigentlich, wie sie mit mir reden kann" vor diesem Hintergrund sinnvoll? Und lohnt sich seine tadelnde Reaktion im Hinblick auf die darauf folgende Eskalation?
- Wut/Erregung der Tochter, gleichzeitig Anlass für das weitergehend angreifende Verhalten des Vaters: Möglich wäre eine Arbeit an der Affektregulation der Tochter, etwa daran, aufkommende Erregungszustände frühzeitig zu erkennen, um die Erregung mit geeigneten Skills wieder verringern zu können.
- Wut/Erregung des Vaters, gleichzeitig Stimulus für die Tochter, sich einzuschließen: Auch mit dem Vater könnte wie eben beschrieben an besseren Möglichkeiten der Affektregulation gearbeitet werden.

Den Blick auf nachfolgende Stellen der funktionalen Analyse wollen wir uns an dieser Stelle sparen, obwohl auch dort noch Ansatzpunkte für Interventionen zu finden sind. Tatsächlich wäre es ja am günstigsten, die Eskalation möglichst an ihrem Beginn zu stoppen. Insofern haben wir hier die wichtigsten sich aus der funktionalen Analyse ergebenden Ideen festgehalten.

Ein weiteres Beispiel für eine differenzierte funktionale Verhaltensanalyse finden Sie auf dem YouTube-Kanal des Autors. Wenn Sie im Suchfeld von YouTube „Borg-Laufs" eingeben, werden Sie schnell auf ein Video zur funktionalen Verhaltensanalyse stoßen, in dem das oppositionelle Verhalten eines Kindes mit Aufmerksamkeitsstörung analysiert wird[2].

3.4   Varianten der funktionalen Verhaltensanalyse

Sie haben nun eine Variante der Verhaltensanalyse kennengelernt, die in dieser Form in der Diagnostik für Beratungs- und Therapieprozesse gut nutzbar ist (Borg-Laufs 2016, 2018). Sie ermöglicht eine differenzierte Sicht auf die situativen Abläufe, aber auch, besonders durch die differenzierte Berücksichtigung der Organismusvariable, den Einbezug situationsübergreifender wichtiger persönlicher Dispositionen, etwa der psychischen Grundbedürfnisse (vgl. Grawe 2004; Borg-Laufs und Dittrich 2010) und kognitiver Schemata. Von Kanfer selbst stammt eine Weiterentwicklung der funktionalen Verhaltensanalyse zum dynamischen Selbstregulationsmodell (Kanfer, Reinecker und Schmelzer 2012; vgl. auch Wälte 2018). In diesem Modell wird auf allen Ebenen der funktionalen Analyse nach von außen beobachtbaren Variablen, innerpsychischen Variablen und körperlichen Variablen unterschieden, darüber hinaus spielen Feedbackschleifen im Rahmen der zielgesteuerten Selbstregulation eine wichtige Rolle. Eine andere Weiterentwicklung der SORCK-Analyse liefern Bartling, Echelmeyer und Engberding (2016), deren Modell in den Bezeichnungen vom Original abweicht, aber auch einige Erweiterungen mit sich bringt, vor allem die regelmäßige Betrachtung der inneren Verarbeitung der Stimuli sowie die explizite Berücksichtigung des individuellen Wahrnehmungsprozesses.

Vielleicht hat die Beschäftigung mit dem Thema in dem vorliegenden Band Ihr Interesse so sehr geweckt, dass Sie auch andere Varianten des Verfahrens kennenlernen wollen.

Ich wünsche Ihnen so oder so viel Erfolg und viel Vergnügen bei den folgenden Übungsaufgaben und dann auch bei der Bearbeitung der Fälle, mit denen Sie es in Beratung und Therapie zu tun haben und hoffe, dass sich die Lektüre dieses Buches zukünftig bei der Erarbeitung eines guten Fallverständnisses für Sie als hilfreich erweisen wird.

---

[2]Direkteingabe des links: https://www.youtube.com/watch?v=R_TYt44FMG4&t=1s

4.1 Allgemeine Hinweise

Wenn Sie eine funktionale Verhaltensanalyse erstellen wollen, sollten Sie sich zunächst immer fragen, welche Verhaltensweise(n) Sie mit dieser Analyse erklären wollen. Dieses Verhalten oder diese Verhaltensweisen sollten der Ausgangspunkt Ihrer Analyse sein: Fangen Sie also stets mit dem „R" an. Falls Sie die Informationen vorliegen haben, notieren Sie das Verhalten in den vier Kategorien motorisch, kognitiv, emotional und physiologisch. Liegen die Informationen nicht vor, raten Sie nicht. Im „echten Leben": Fragen Sie beim nächsten Termin nach. Fragen Sie sich bei der Erstellung der Analyse anschließend, in welcher Situation (S, intern und/oder extern) dieses Verhalten auftritt. Dann schauen Sie, was dem Verhalten kurzfristig folgt (C, intern und extern). Geben Sie die Suche nach Konsequenzen nicht zu früh auf, damit Sie auch alle wichtigen, verhaltenswirksamen Verstärker erfassen. Stellen Sie sicher, dass Sie insbesondere die kurzfristigen Verstärker erfassen. Sollten Sie auch längerfristig folgende (und damit wenig verhaltenswirksame) Verstärker in Ihre Analyse aufnehmen, machen Sie kenntlich, dass diese Konsequenzen erst langfristig erfolgen. Prüfen Sie dann die Qualität der Konsequenzen für die Person (verstärkend, bestrafend) und halten Sie darüber hinaus fest, ob die Konsequenz immer (kontinuierlich) oder nicht immer (intermittierend) auf das Verhalten folgt (K). Überlegen Sie spätestens an dieser Stelle, ob das gezeigte Verhalten respondent (als Antwort auf den Stimulus) oder operant (auf die Konsequenz zielend) zu verstehen ist. Wenn es sich um ein operantes Verhalten handelt, prüfen Sie, ob es auch wirklich aufrechterhaltende (also: verstärkende) Konsequenzen gibt. Ist das noch nicht erkennbar, kann die Analyse so nicht stimmen. Überlegen Sie schließlich, was die Person an überdauernden Dispositionen mit in

© Springer Fachmedien Wiesbaden GmbH, ein Teil von Springer Nature 2020   29
M. Borg-Laufs, *Die Funktionale Verhaltensanalyse*, essentials,
https://doi.org/10.1007/978-3-658-30812-4_4

die Situation bringt (O) und wie diese Variablen auf Stimulus, Reaktion und die Bedeutung/Wirksamkeit der Konsequenzen einwirken. Gehen Sie im letzten Schritt die komplette Verhaltensanalyse von vorne nach hinten auf geeignete Ansatzpunkte für therapeutische oder beraterische Interventionen durch.

4.2 Die Übungsaufgaben

4.2.1 Der „Klassenclown"

Der elfjährige Sebastian zeigt auf dem Gymnasium schlechte Schulleistungen, auch im Sport ist er nicht gut. Im Unterricht fällt er dadurch auf, dass er häufig, wenn der Lehrer oder die Lehrerin mit dem Rücken zur Klasse etwas an die Tafel schreibt, aufsteht und obszöne Gesten macht oder kleine Tänzchen aufführt. Die Klasse lacht dann schallend los. Die Lehrer*innen, denen häufig klar ist, dass Sebastian wieder etwas hinter ihrem Rücken gemacht haben, reagieren manchmal mit „scharfen Blicken", manchmal mit deutlichen Worten, gelegentlich auch mit Strafen.

4.2.2 Diese furchtbare Hilflosigkeit

Der 57jährige Herr Schulte leidet an Depressionen. Er ist unglücklich bezüglich vieler Aspekte seines Lebens und hat zusätzlich Angst, dass alles nur noch schlimmer wird. Ein wichtiger Anker in seinem Leben ist seine Frau, allerdings hält er sich für einen schlechten Ehemann und fürchtet, sie wird ihn verlassen. Vor einigen Tagen, so berichtet er, hat er den Beginn von Nachrichten eines gemeinsamen Bekannten auf dem Sperrbildschirm des Handys seiner Frau gesehen. Was er lesen konnte, war nicht ganz eindeutig, aber er schloss aus den zu sehenden Nachrichtenzeilen, dass dieser Bekannte und seine Frau eine geheime Liebesbeziehung führen – eine Annahme, die er auch in der Vergangenheit häufig in Bezug auf andere Männer hatte, was sich allerdings nie bewahrheitete. Er traute sich nicht, seine Frau darauf anzusprechen, erlebte sich als hilflos und versank in tiefe Traurigkeit.

4.2.3 Angst vor dem Chef

Frau Schmidt, eine 35jährige Sachbearbeiterin, hatte auf ihrem letzten Arbeitsplatz häufige Demütigungen durch ihren Chef erleiden müssen, unter denen sie furchtbar litt. Sie wechselte daraufhin ihren Job. In der neuen Firma ist das Arbeitsklima gut und der Chef ein verträglicher, ruhiger Typ. Dennoch löst allein schon der Gedanke an ein Gespräch mit dem neuen Chef bei ihr heftige Ängste aus. Wenn Sie etwas mit ihm besprechen muss, zögert sie dies so lange wie möglich hinaus. Wenn es dann zu einem Gespräch kommt, fängt sie an zu schwitzen, ihr Puls rast und sie kann „keinen klaren Gedanken fassen". Sie beendet das Gespräch immer so schnell wie irgend möglich. Danach geht ihre Angst sofort zurück, aber sie ist wütend auf sich selber, nennt sich in Gedanken eine „blöde Kuh" und geht aufgeregt in ihr Büro. Um sich wieder zu beruhigen, greift sie dort zu der im Schreibtisch versteckten kleinen Flasche mit Schnaps und nimmt einen tiefen Schluck. Sofort wird sie ruhiger und ihre Wut lässt nach.

4.2.4 Die ganze Nacht am Computer

Herr Karl, ein 25jähriger Student, der sehr zurückgezogen lebt und schon immer wenig Anschluss an andere gefunden hat, hat ein neues Onlinespiel für sich entdeckt. Wenn er Langeweile empfindet – und das ist oft der Fall – setzt er sich an seinen Laptop und spielt. Schnell schafft er es, immer höhere Level zu erreichen. Darüber hinaus ist er ein wichtiges Team-Mitglied und wird für seine „Kampf-Künste" von den Online-Mitspielern sehr geschätzt. Sein Studium leidet inzwischen enorm, denn er spielt ganze Nächte durch, versäumt Lehrveranstaltungen und findet auch keine Zeit mehr, für Prüfungen zu lernen.

4.2.5 Die Party und der Fressanfall

Die 17jährige Andrea glaubt, dass andere sie nicht ansehnlich finden und nicht mögen. Gerade in größeren Gesellschaften fühlt sie sich oft einsam. Häufig verlässt sie eine Feier ohne Kontakt aufgenommen zu haben. Sie ist dann froh, dass die unangenehme Situation beendet ist, kurz darauf aber wird sie häufig traurig, weil sie es wieder einmal nicht geschafft hat. Zu Hause holt sie sich dann riesige Mengen Essen aus der Küche und isst alles restlos auf, wodurch sie sich besser fühlt. Anschließend fühlt sie sich „vollgefressen" und sie bekommt Angst, zu dick zu werden. Sie geht schließlich zur Toilette und erbricht.

Lösungen

5.1 Vorbemerkungen

Sollten Sie feststellen, dass die von Ihnen produzierten Lösungen genau der Musterlösung entsprechen: Na bestens! Sie und ich sind dann mit dieser Einschätzung schon zu zweit, das ist ein gutes Zeichen und spricht dafür, dass sich mit dieser Analyse sinnvoll weiterarbeiten lässt. Falls Ihre Lösungen aber nicht vollständig mit den Musterlösungen übereinstimmen, bedenken Sie: Für die Erstellung einer funktionalen Analyse gibt es zwar ein paar Regeln und Kriterien, aber dennoch stellt keine Analyse eine „objektive Wahrheit" dar, vielmehr ist sie eben auch subjektive Interpretation. Der Gedanke „Ich bin ein toller Typ" muss z. B. dahingehend interpretiert werden, ob er ein kognitives Verhalten (R) darstellt, oder ob es sich um einen internen Stimulus handelt oder um eine interne Verstärkung. Es geht hier nicht um Wahrheit, sondern um Plausibilität und darum, ob die von Ihnen gewählte Interpretation aus Ihrer Sicht einen hohen Erklärungswert hat und/oder diejenige, die am ehesten zu therapeutischen Handlungsmöglichkeiten führt. Also, wenn Sie von der Musterlösung abweichen, kann Ihre Lösung genauso gut oder sogar noch besser sein als die Musterlösung. Vergleichen Sie die beiden Lösungen und entscheiden Sie dann vor dem Hintergrund Ihres Fachwissens, welche plausibler und hilfreicher ist. Sollte Ihre Lösung allerdings sehr stark von der Musterlösung abweichen, so lesen Sie vielleicht noch einmal nach, ob Sie die Begrifflichkeiten und Inhalte, die im Buch dargestellt wurden, eventuell doch falsch erinnert oder nicht vollständig verstanden haben.

Die jeweils im Anschluss an die funktionale Analyse dargestellten Interventionsideen sind diejenigen, die sich aus Sicht des Autors aus der funktionalen Analyse ableiten lassen. Sie stellen keinen vollständigen Therapieplan dar, der

© Springer Fachmedien Wiesbaden GmbH, ein Teil von Springer Nature 2020   33
M. Borg-Laufs, *Die Funktionale Verhaltensanalyse*, essentials,
https://doi.org/10.1007/978-3-658-30812-4_5

noch mehr Interventionen, die sich aus dem jeweiligen Störungsbild oder den sonstigen Rahmenbedingungen ergeben, umfassen könnte (Borg-Laufs 2016). Darüber hinaus würden die Interventionen je nach Zugehörigkeit der Berater*in/ Therapeut*in zu einer bestimmten Therapieschule möglicherweise anders ausfallen.

5.2 Die Übungsaufgaben: Lösungen

5.2.1 Der „Klassenclown"

S ➡	O ➡	R ➡	C^+ (kont.)
Lehrer*in steht mit	- niedriger	macht obszöne	Aufmunterndes Lachen
Rücken zur Klasse	Selbstwert	Gesten u.Ä.	der Mitschüler*innen
		➡	$\cancel{C}^-$ (kont.)
			Selbstwerterhöhung
		➡	C^- (int.)
			div. Strafen

Günstige Ansatzpunkte für Interventionen:

Organismusvariable: Sebastians niedriger Selbstwert sorgt dafür, dass die Reaktionen seiner Mitschüler*innen für ihn besonders wichtig sind, denn dadurch fühlt er sich in seinem Selbstwert erhöht. Mit hoher Wahrscheinlichkeit wäre hier – neben weiteren Maßnahmen zur Ressourcenaktivierung und einer kognitiven Therapie – u. a. eine Verbesserung seiner Schulleistungen hilfreich. Möglicherweise sollte geprüft werden, inwiefern er durch den Gymnasialbesuch überfordert ist und dies dauerhaft ungünstig für seinen Selbstwert ist.

Konsequenzen: Zwar gehören auch Strafen zu den Konsequenzen, aber die Reaktion der Mitschüler*innen wird von ihm offensichtlich als massiv verstärkend erlebt. Pädagogisch wäre hier zu überlegen, ob es klassenbezogene Maßnahmen geben kann, die dafür sorgen, dass die Mitschüler*innen diese Reaktion nicht mehr zeigen, z. B. könnten bestimmte attraktive Belohnungen für die gesamte Klasse davon abhängig gemacht werden, dass die Klasse ruhig bleibt.

5.2.2 Diese furchtbare Hilflosigkeit

S ➡	O ➡	R ➡	₵⁻ (kont.)
Unklare Nachricht auf dem Handy seiner Frau	- niedriger Selbstwert - Angst, verlassen zu werden	- denkt, seine Frau habe einen Liebhaber - spricht sie, obwohl er ➡ den Impuls verspürt, nicht darauf an ➡	- kein Streit mit seiner Frau - sie verlässt ihn nicht C⁻ (kont.) Erleben von Hilflosigkeit C⁻ (kont.) Traurigkeit

Günstige Ansatzpunkte für Interventionen:

Niedriger Selbstwert (Organismusvariable): Erfahrungen von Selbstwerterhöhung sind für Menschen mit Depressionen unerlässlich, denn schlechte Gedanken über sich selbst sind ein Kernsymptom von Depression.

Angst vor dem Verlassenwerden: Diese Angst steht in Zusammenhang mit dem niedrigen Selbstwert, sollte aber direkt angegangen werden. Eine realistische Sicht auf seine Beziehung mit seiner Frau könnte die Angst verringern. Diese Angst zu verlieren würde ihn in seinem Verhalten ihr gegenüber offener machen und die mit der Erfahrung von Hilflosigkeit einhergehende Trauer verhindern.

Nicht ansprechen seiner Befürchungen (Reaktion): Ob seine Befürchtungen gerechtfertigt sind oder nicht – sie nicht ansprechen zu können, führt zu dem Erleben von Hilflosigkeit (Kontrollverlust). Hier seine soziale Kompetenz zu erhöhen oder durch eine Paarberatung einen offeneren Umgang miteinander zu erreichen, wäre vermutlich hilfreich.

5.2.3 Angst vor dem Chef

S ➡	R_r = S ➡	R_o ➡	₵⁻ (kont.)		
Anstehendes Gespräch mit dem Chef	- Angst - Erregung - kein „klarer Gedanke"	Flucht	Angst geht zurück C⁻ (kont.)=S ➡ Wut, Selbstvorwürfe	R_o ➡ Alkohol trinken	₵⁻ (kont.) Beruhigung

Günstige Ansatzpunkte für Interventionen:

Angst (R_r): Eine Konfrontationsbehandlung wäre hier sicher angezeigt. Möglicherweise – da die Gespräche mit dem Chef nicht beliebig „herstellbar" sind – würde diese zunächst „in sensu" (in Gedanken) erfolgen.

Wut und Selbstvorwürfe (C): Wichtig wären Hilfen bei der Erregungskontrolle. Frau Schmidt sollte erlernen, nicht mit Selbstvorwürfen auf ihre Ängste zu reagieren und aufkommende Erregung schnell zu erkennen, um es nicht zu massiver Erregung kommen zu lassen.

Alkoholgenuss in Erregung (R_0): Hier wäre zu prüfen, ob Frau Schmidt regelmäßig auf dieses Verhaltensmuster zurückgreift und das Alkohlproblem somit noch grundlegender angegangen werden muss. Wichtig wäre auf jeden Fall der Erwerb von Alternativverhalten (R'), mit dem sie sich beruhigen kann, falls sie in Wut/Erregung gerät.

5.2.4 Die ganze Nacht am Computer

S ➡	O ➡	R ➡	$\cancel{C}^-$ (kont.)
Langeweile	wenig Kontakte, lebt zurückgezogen	Computerspiel	keine Langeweile
		➡	$\cancel{C}^-$ (kont.) stützende Kontakte
		→	C^- (int.) schlechte Studien-Leistungen

Günstige Ansatzpunkte für Interventionen:

Organismusvariable (zurückgezogener Lebensstil): Vermutlich liegt hier ein wichtiger Schlüssel für Veränderung. Seine soziale Situation scheint für ihn unbefriedigend zu sein, darüber hinaus erlebt er sich möglicherweise in vielen Situationen als nicht besonders effizient. Dies macht die durch das Computerspiel erzeugten Konsequenzen so attraktiv.

Computerspiel (R): Sicher benötigt Herr Karl alternative Verhaltensweisen, allerdings wird es ohne grundlegendere Änderungen kaum möglich sein, Verhaltensalternativen zu finden, die ähnlich stark verstärkend für ihn sind. Dennoch wäre auch eine Intensivierung seines Lernverhaltens sicher wichtig, weshalb im Rahmen einer weitergehenden Hife bezüglich seines prokrastinierenden Verhaltens durchaus zusätzliche Verhaltensoptionen entstehen könnten – etwa, indem das Lernverhalten durch Restriktion erlaubter Lernzeiten wertvoller wird.

Konsequenzen (C): Die Wirksamkeit der Verstärker wird sich vermutlich nur im Rahmen einer grundsätzlicheren Behandlung verändern lassen. Fraglich bleibt dennoch, ob über Selbstverstärkungsprogramme oder eine kognitiv herzustellende stärkere Gewichtung der sinkenden Prüfungsleistungen diese Bestrafung stärker verhaltenswirksam werden kann.

5.2.5 Die Party und der Fressanfall

S   ➡   O   ➡   R   ➡   ¢⁻ (kont.)

Party   - „Niemand .   verlässt   Erleichterung
   mag mich"   die Party
   - „Ich bin   -
   unansehnlich"

      →   C⁻ (int.)=S   ➡   R   ➡   ¢⁻ (kont.)
         Traurig   isst große   Traurigkeit
            Mengen   schwindet

                →   C⁻ (int.)=S
                   - Völlegefühl
                   - Angst vor
                   Gewichtszunahme

➡   R   ➡   ¢⁻ (kont.))
   übergibt sich   - kein Völlegefühl
            - keine Angst mehr

Günstige Ansatzpunkte für Interventionen:

Organismusvariable: Ihre überdauernden Kognitionen darüber, dass sie nicht gut aussieht und sie niemand mag, vermutlich generell ihrer verringerter Selbstwert sollten z. B. mittels kogntiver Therapie bearbeitet werden.

Die Party verlassen (Reaktion): Andrea fehlt es an Alternativverhalten. Ein Training Sozialer Kompetenz könnte ihr helfen, bei Partys und anderen Gelegenheiten gut in Kontakt mit anderen zu kommen, anstatt die Situationen zu verlassen.

Große Mengen essen (Reaktion auf Traurigkeit): Ihr fehlt es an Verhaltensmöglichkeiten für den Umgang mit Trauer, hier sollte erarbeitet werden, durch welche sinnvolleren Handlungen (z. B. Freundin anrufen; baden; Sport treiben; usw.) sie die Traurigkeit überwinden könnte, so dass sie nicht auf das übermäßige Essen zurückgreifen muss.

Was Sie aus diesem *essential* mitnehmen können

- Die Erklärung menschlichen Verhaltens erfordert die Berücksichtigung lerntheoretischer Erkenntnisse in Kombination mit weiteren psychologischen Befunden etwa zu psychischen Grundbedürfnissen und kognitiven Schemata
- Menschliches Verhalten kann auch in seiner Komplexität gut mit einer funktionalen Verhaltensanalyse erfasst werden
- Längere Verhaltenssequenzen lassen sich durch Verhaltensketten abbilden
- Aus einer funktionalen Verhaltensanalyse lassen sich direkt Interventionsmethoden für Beratung und Psychotherapie ableiten

© Springer Fachmedien Wiesbaden GmbH, ein Teil von Springer Nature 2020
M. Borg-Laufs, *Die Funktionale Verhaltensanalyse,* essentials,
https://doi.org/10.1007/978-3-658-30812-4

Literatur

Bartling, G., Echelmeyer, L., & Engberding, M. (2016). *Problemanalyse im psychotherapeutischen Prozess. Leitfaden für die Praxis*. Stuttgart: Kohlhammer.

Beck, J. (2014). *Probleme in der Therapie – was tun? Kognitive Therapie für schwierige Fälle*. Tübingen: DGVT-Verlag.

Borg-Laufs, M. (2016). *Störungsübergreifendes Diagnostik-System für die Kinder- und Jugendlichenpsychotherapie (SDS-KJ). Manual für die Therapieplanung*. Tübingen: DGVT-Verlag.

Borg-Laufs, M. (2018). Verhaltensanayse nach dem SORKC-Modell. In D. Wälte & M. Borg-Laufs (Hrsg.), *Psychosoziale Beratung. Grundlagen, Diagnostik, Intervention* (S. 130–135). Stuttgart: Kohlhammer.

Borg-Laufs, M. (2020). Verhaltenstherapeutische Basisansätze. In N. Beck (Hrsg.), *Therapeutische Heimerziehung. Grundlagen, Rahmenbedingungen, Methoden* (S. 383–394). Freiburg i.Br.: Lambertus.

Borg-Laufs, M., & Beck, B. (2018). Methoden der Einzelberatung. In D. Wälte & M. Borg-Laufs (Hrsg.), *Psychosoziale Beratung. Grundlagen, Diagnostik, Intervention* (S. 207–234). Stuttgart: Kohlhammer.

Borg-Laufs, M., & Dittrich, K. (2010). Die Befriedigung psychischer Grundbedürfnisse als Ziel psychosozialer Arbeit. In M. Borg-Laufs & K. Dittrich (Hrsg.), *Psychische Grundbedürfnisse in Kindheit und Jugend. Perspektiven für Soziale Arbeit und Psychotherapie* (S. 7–22). Tübingen: DGVT-Verlag.

Fliegel, S., & Veith, A. (2018). Lerntheoretisch fundierte Bedingungen psychischer Störungen. In S. Fliegel, W. Jänicke, S. Münstermann, G. Ruggaber, A. Veith, & U. Willutzki (Hrsg.), *Verhaltenstherapie. Was sie kann und wie es geht* (S. 251–267). Tübingen: DGVT-Verlag.

Grawe, K. (2004). *Neuropsychotherapie*. Göttingen: Hogrefe.

Kanfer, F. H., & Phillips, J. S. (1970). *Lerntheoretische Grundlagen der Verhaltenstherapie*. München: Kindler.

Kanfer, F. H., & Saslow, G. (1965). Behavioral analysis: An alternative to diagnostic classification. *Archives of General Psychiatry, 12,* 529–538.

Kanfer, F. H., Reinecker, H., & Schmelzer, D. (2012). *Selbstmanagement-Therapie. Ein Lehrbuch für die Klinische Praxis*. Heidelberg: Springer.

© Springer Fachmedien Wiesbaden GmbH, ein Teil von Springer Nature 2020   41
M. Borg-Laufs, *Die Funktionale Verhaltensanalyse,* essentials,
https://doi.org/10.1007/978-3-658-30812-4

Kröner-Herwig, B. (2004). *Die Wirksamkeit von Verhaltenstherapie bei psychischen Störungen von Erwachsenen sowie Kindern und Jugendlichen.* Tübingen: DGVT-Verlag.

Mowrer, O. H. (1951). Two-factor learning theory: Summary and comment. *Psychological Review, 58,* 350–354.

Padberg, T. & Veith, A. (2018). Problemanalysen. In: S. Fliegel, W. Jänicke, S. Münstermann, G. Ruggaber, A. Veith & U. Willutzki (Hrsg.), *Verhaltenstherapie. Was sie kann und wie es geht* (S. 227–249). Tübingen: DGVT-Verlag.

Skinner, B. F. (1973). *Wissenschaft und menschliches Verhalten.* München: Kindler.

Wälte, D. (2018). Analyse der Selbstregulation. In D. Wälte & M. Borg-Laufs (Hrsg.), *Psychosoziale Beratung. Grundlagen, Diagnostik, Intervention* (S. 135–140). Stuttgart: Kohlhammer.

Stichwortverzeichnis

© Springer Fachmedien Wiesbaden GmbH, ein Teil von Springer Nature 2020   43
M. Borg-Laufs, *Die Funktionale Verhaltensanalyse,* essentials,
https://doi.org/10.1007/978-3-658-30812-4